CHANGJING ZHICI YU
JIXING FAYAN

场景致辞与即兴发言

卢敬天 ◎ 著

文汇出版社

图书在版编目 (CIP) 数据

场景致辞与即兴发言 / 卢敬天著. — 上海：文汇出版社, 2021.4
 ISBN 978-7-5496-3487-3

Ⅰ. ①场… Ⅱ. ①卢… Ⅲ. ①人际关系-语言艺术-通俗读物 Ⅳ. ① C912.13-49

中国版本图书馆 CIP 数据核字 (2021) 第 049655 号

场景致辞与即兴发言

著　　者 / 卢敬天
责任编辑 / 戴　铮
装帧设计 / 天之赋设计室

出版发行 / 文匯出版社
　　　　　上海市威海路 755 号
　　　　　（邮政编码：200041）
经　　销 / 全国新华书店
印　　制 / 三河市龙林印务有限公司
版　　次 / 2021 年 5 月第 1 版
印　　次 / 2021 年 5 月第 1 次印刷
开　　本 / 710×1000　1/16
字　　数 / 185 千字
印　　张 / 14

书　　号 / ISBN 978-7-5496-3487-3
定　　价 / 48.00 元

前　言

当今，一个人在社会上获得的成功，15%归功于他的专业能力，85%归功于他表达思想、领导他人以及唤起他人热情的能力。换句话说，一个人驾驭语言的能力很大程度上决定了他取得的成就，所以，场景主持和脱稿讲话就是展现个人魅力和能力的重要标准。

不管是正式的商务活动、交际应酬，还是非正式的聚会、活动，越来越多的场合需要我们公开讲话，包括自我推荐、发表意见、主持会议、商务谈判、竞聘竞选、获奖感言、现场主持和致辞等。这不仅需要发表自己的意见、观点，表达喜怒哀乐，还需要用语言打动别人。

然而，很多人偏偏不善于场景主持和脱稿讲话，时常离开稿子就不会讲话，或是空话、套话不断，或是说话没逻辑、无条理，甚至磕磕巴巴的。所以，我们需要掌握场景主持和脱稿讲话的技巧，提升当众讲话的能力。

首先，很多不善于当众讲话的人往往是不自信的，甚至心有恐惧，所以想办法树立自信、战胜恐惧是第一要务。其次，我们需要思维敏捷、随机应变，根据不同场景、主题采用不同的说话方式，准备不同的说话内容，既要有套路也要讲新意，既要讲究礼仪又要有激情、号召力，能最大限度地调动听众的情绪和情感。

另外，场景主持和脱稿演讲时，要尽量做到手中无稿、心中有料，讲话契合活动主题、简明生动，有画面、有故事、有细节，让语言形成生动形象的画面。语言要抑扬顿挫，表达自己的情绪和情感，进而引发听众心灵上的共鸣。同时，做到与观众进行眼神交流，根据观众反应调整自己的思路和讲话。

当然，场景主持和脱稿讲话的能力不是天生的，但只要掌握正确的训练方法，即便你不善当众讲话、习惯了不脱稿，也能快速掌握其技巧。

本书为大家展示节日与纪念活动、商务会议与公司活动、开幕式与闭幕式、欢迎仪式与欢送仪式、祝贺与答谢活动、慰问与吊唁活动、婚礼庆典、酒宴和庆功活动等多个场合的场景主持与脱稿讲话技巧，并且提供一些精彩的范文，希望大家能克服具体场合讲话的恐惧和缺陷，练就不凡的超级语技。

目 录

/PART1/ 节日、纪念活动：突出时境，注重现场交流

- 节日演讲，不能总说套话　/002
- 热烈温馨，祝福不会出错　/004
- 元旦主持范文：套路也能出新意　/006
- 春节主持范文：妙语连珠送祝福　/009
- 中秋主持范文：故事里头说团圆　/013
- 劳动节演讲范文：歌颂词不能太浮夸　/016
- 公司周年庆主持范文：感谢和成绩要细说　/019

/PART2/ 商务会议、公司活动主持：规范得体，礼仪第一

- 注重细节，千万不要有错漏　/024
- 事实与数据是最有力的发言　/026
- 公益活动主持范文：情感的传递与渲染　/028
- 签约仪式主持范文：面面俱到的严谨发言　/031
- 动员会主持范文：调动情绪最重要　/035

- 员工表彰大会活动主持范文：有激情，能号召，才鼓舞人心 / 039
- 竞选、竞聘范文：态度谦虚，平和有礼 / 043
- 就职活动主持范文：激励与展望并重 / 046
- 商务聚会、联谊活动主持范文：场面话信手拈来 / 050

/PART3/ 开幕式、闭幕式主持：贴合气氛，让人意犹未尽

- 营造符合活动的气氛 / 055
- 开幕词、闭幕词，这个套路很管用 / 057
- 运动会开幕主持范文：简短有力，朝气蓬勃 / 059
- 开工、竣工主持范文：简要开场，做好气氛调动 / 064
- 企业活动开幕主持范文：紧紧围绕活动主题 / 068
- 活动闭幕式主持范文：首尾呼应，切合实际 / 072
- 展览会开幕主持范文：引出话题，自然亲切 / 075

/PART4/ 欢迎、欢送仪式：赢在细节，以情动人

- 层层递进，让你的喜悦更有力量 / 080
- 举例用细节，真实才最感人 / 082
- 毕业欢送主持范文：营造气氛比发言内容更重要 / 084
- 答谢仪式主持范文：感谢也要紧扣主题 / 088
- 现场会欢迎主持范文：做好现场互动的纽带 / 091
- 迎新活动主持范文：表欢迎，不是说空话 / 095

○ 员工欢送活动主持范文：懂尊重，多感谢，送祝福 / 098
○ 领导卸任欢送会主持：把敬爱与感谢融入告别 / 101

/PART5/ 祝贺、答谢活动：好听的话，简洁地说

○ 用激情搞好现场气氛 / 106
○ 语言要新，更要让人听懂 / 108
○ 小儿满月、生日宴主持范文：真挚热情，多表希望和期盼 / 110
○ 乔迁之喜宴会主持范文：朴素真实表祝贺 / 113
○ 寿宴之喜主持范文：直截了当，简洁明了 / 117
○ 生日宴会主持范文：一份祝福，一份真诚 / 122
○ 公司答谢客户活动主持范文：实惠最重要 / 126

/PART6/ 慰问、吊唁活动主持：情感表露与情感交流

○ 把控好情感表露，以细节动人 / 131
○ 要触发共鸣，更要把握尺度 / 133
○ 慰问家属范文：增强归属感与亲近感 / 135
○ 慰问病人：多点鼓励，适度关心 / 138
○ 慰问一线工作者：能共情，你的话更有号召力 / 142
○ 吊唁主持范文：控制好情感的宣泄 / 145
○ 悼念活动主持范文：庄严肃穆，拒绝浮夸 / 148
○ 清明节扫墓献词：寄哀思，表怀念，诉情感 / 151

/PART7/ 婚礼庆典主持：给人欢乐，锦上添花

- 风格幽默，把气氛推向高潮 / 155
- 不冷场，也不要喧宾夺主 / 157
- 婚礼主持范文：妙语连珠，让浪漫升级 / 159
- 集体婚礼主持范文：祝福很重要，气氛更重要 / 162
- 金婚庆典主持范文：回忆与展望，满满的祝福 / 166
- 跨国婚礼主持范文：中西合璧出新意 / 170
- 再婚婚礼主持范文：拿捏好"赞美"的角度 / 173

/PART8/ 年会、庆功活动主持：欢笑妙语中升华宴会之道

- 亲切大方，消除参与者的距离感 / 177
- 妙语连珠，升华宴会主题 / 179
- 庆功活动主持范文：可以即兴发挥，但不可随性 / 182
- 颁奖活动主持范文：牵线搭桥，给领奖人说话的机会 / 185
- 年会、晚会主持范文：有趣、有料，你的讲话大受欢迎 / 188
- 商务酒会致辞范文：与听众互动要精彩 / 191
- 招待宴会致辞范文：善用比喻，说话更传神 / 194

/PART9/ 超级语技训练，告别念稿式讲话

- 训练一：建立自信，消除紧张　/ 199
- 训练二：善用眼神交流，carry 全场　/ 201
- 训练三：运用手势，增强讲话的感染力　/ 205
- 训练四：讲好故事，你的演讲就成功了一半　/ 208
- 训练五：开头精彩，你的话就抓住了人心　/ 211

/PART 1/ 节日、纪念活动：
突出时境，注重现场交流

> 节日、纪念日，每年都有。在过去的一年，人们总会有改变、有新的收获，社会与环境也会发生许多事情，影响我们的生活。节日、纪念日是相同的，但我们却是不同的。只有不断更新讲话内容，才能让这些节日、纪念日有新鲜感和时代感。

◎ 节日演讲，不能总说套话

在节日、纪念日等大型活动上，总是少不了有人讲上几句，或是带动气氛，或是串起整个活动流程。不少主持人认为，只要面对的观众不是同一批，即便用相似的套话也是完全可以的。

确实，套话之所以能成为"套话"，就是因为它经典又百搭，放到哪里都不会出错。但一段套话反复使用，不仅会给人"好像在哪里听过"的感觉，更会给人不走心的感觉。不走心，就不能带动听众情绪，难以掌控听众的情感节奏。

想要让听众觉得你走心，觉得你说的不是套话，首先就要懂得突出当前的时境。比如，某人在单位植树节上发表讲话时，先来了一段"春回大地，生机勃勃"的开场白。就植树节的演讲来说，使用这种套话不算是错误，尴尬的是今年的春天来得格外晚，外面还有积雪，这个套话的开场白就成为大家的笑柄。如果能抓住时境，将这段开场白变成"虽然植树节已经到了，但今年的春天来得比以往要晚一些"，这样的效果就要好很多。

想要避免套话，提到节日、纪念日时，固有的形容词要先去掉。例如，不要提到春天就是"春暖花开""春回大地"，提到夏天就是"炎炎夏日"，一切要以当前情况、当下环境为准。这不仅让听

/PART 1/ 节日、纪念活动：突出时境，注重现场交流

众产生走心的感觉，也能让你的即兴演讲更有话题，有更多的内容。

主持时，如果能结合当前的热门话题进行扩展就更好不过了。社会上每天都会发生新鲜的事情，出现新鲜的思想，如果能结合这些新鲜的事情，显然更符合时境。

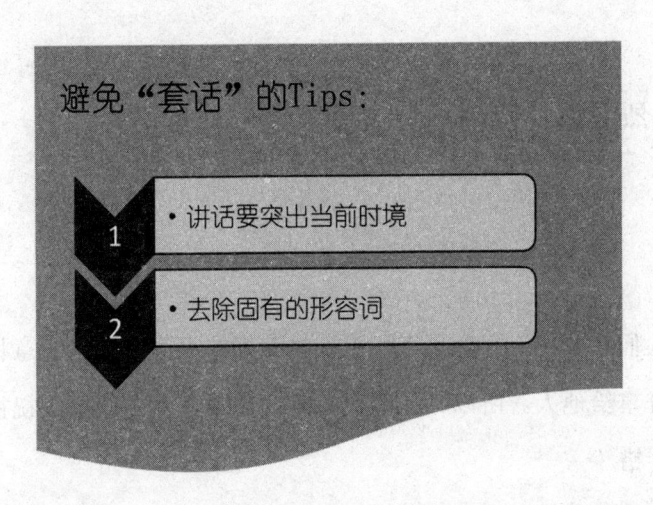

避免"套话"的Tips：

1. 讲话要突出当前时境
2. 去除固有的形容词

图 1-1 如何避免说"套话"

在存有互动环节的场合，符合时境尤为重要。如果互动话题总是一些陈词滥调，这个环节就会显得格外枯燥。例如，某公司的新年晚会上，主持人与公司员工交流春运、过去一年的工作总结、对新一年的期待等话题，都没有收到好的效果。于是，他灵机一动，转而询问对方是否单身，打算如何应付父母的催婚，结果现场气氛马上热烈起来。

不说套话，不包括不说祝福的话。在节日、纪念日里，说些祝福的吉祥话总是符合时境的。但是，好的祝福总是更符合时境，让人更有感触，更能打动听众。例如，刚刚互动的话题是如何应付父

母的催婚,即便在新年里,祝大家明年都能找到自己的另一半比在七夕时说让人更有感触。在传染病暴发时,祝大家身体健康比任何与节日有关的祝福更能深入人心。

◎ 热烈温馨,祝福不会出错

人们在节日、纪念日寄托了许多美好的祝愿,并且愿意将这些祝愿分享给他人。所以,在节日的时候为宾客献上美好的祝福,绝对不会错。

元旦、春节的时候,人们希望旧的一年远去,在新的一年可以更好;中秋节时,人们思念亲人,寄托"海上生明月,天涯共此时"的心愿;在重阳节时,希望家中长辈身体健康,老而弥坚;在清明节时,即便是寄托哀思,也有着继往开来的意义。

那么,什么样的祝福才是好的,让人感同身受呢?从标题就可以知道,要热烈、温馨。满足这两点,祝福才能真正打动人。

热烈,指的并不是祝福内容,而是送出祝福时的情感状态,即情感要饱满、激昂、真诚。不同类型的祝福语,自然要用不同的音调、音量来表达,相同类型的祝福语也要注意变换音调,通过音调变化突出层层递进的感觉。

表情也是展现热烈情感的方式。如果不注意面部表情,送出祝福的时候,听众的感受就会大打折扣。不少主持人说出祝福的时候显得漫不经心,又或因为紧张而无暇顾及脸上的表情,这样的祝福自然不会让在场观众满意。

送出热烈的祝福是主持人的本分。如果能让祝福带上温馨的意味,就有更上一层楼的意思了。那么,如何让祝福有温馨的味道呢?

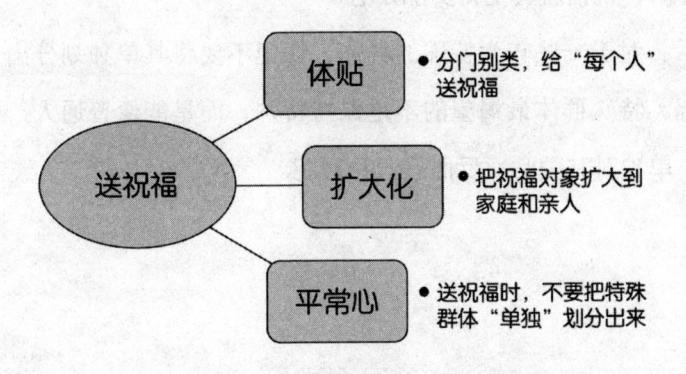

```
送祝福 ── 体贴 ● 分门别类,给"每个人"送祝福
      ── 扩大化 ● 把祝福对象扩大到家庭和亲人
      ── 平常心 ● 送祝福时,不要把特殊群体"单独"划分出来
```

图 1-2　如何让祝福变得更温馨

首先,祝福要送得体贴,送给在场的每个人。喜庆的话谁都会说,听多了也就觉得空洞乏味。想要让人感觉祝福很温馨,你就必须将祝福真正送给在场的每个人,让他们都能感到祝福是送给自己的。

我们不可能下场与每个人互动,却能为在场的所有人划分群体。最简单的方式,就是按照年龄划分——为老年人送上关于身体健康的祝福,为中年人送上事业成功的祝福,为青年人送上前途无限的祝福,为少年人送上学业进步的祝福。这样,就能照顾到在场的每个群体,让每个人都感觉到祝福距离自己并不遥远。

送出祝福时还可以根据不同场合进行定制调整。例如,公司年会的时候，可以为不同的部门送出不同的祝福，相比空泛的念经，这样能更加贴近人心。

其次，实现祝福的扩大化。如果送出祝福的时候，不仅针对到场的人，还能将到场听众的家庭、亲人包含进去，显然能让气氛变得更加温馨。每逢佳节倍思亲，当你的祝福触及在场诸位心底最柔软的地方时，祝福就会变得更加贴心。

最后，对于一些较为特殊的群体，切记不要将其单独划分出来表达祝福。特殊群体最渴望的不是保持特殊，而是能像普通人一样被对待。单独对其关心，反而是一种冒犯。

◎ 元旦主持范文：套路也能出新意

讲话技巧

元旦，也就是公历的新年。随着通信技术越来越发达，全世界的联系越来越紧密，元旦这个全世界共同跨年庆贺的时刻越来越受到重视。节日主持以套话居多，但使用套话不代表不能出现新意。即便是最平常的节目播报，也可结合时境让其更加贴近主题、贴近人们的生活，让观众更有临场感、亲切感。

那么，这需要怎样做到呢？

首先，用套路对接实际情况。任何活动总是有主题的，不管是批判还是赞美某事物，我们总有套路可用。用套路做铺垫，最后引出我们想要的主题，就能达到符合时境的效果。

其次，过去与未来对比往往是元旦晚会上最常见的主题。过去是什么样的，将来是什么样的，不仅可以用套路来描述，更可以加入真正发生的事情，让与会人员对过去有全面的了解、对未来有美好的憧憬。

最后，尊重在场的每个人。与会人员的身份并不相同，可能有公司高层、总公司代表，也会有中层管理者、普通员工。我们在语言上万万不可区别对待，不管是高层领导还是普通员工都是同事，提起名字、职务时要有同样的热情和尊重。

范　文

尊敬的各位领导、各位同事：

大家晚上好！

我们刚刚告别旧的一年，迎来新的一年，在这辞旧迎新的日子，祝大家元旦快乐。虽然现在还是寒冷的冬季，现场的气氛却非常热烈，相信大家都知道是为什么。

在过去的一年里，我们公司取得了非凡的成绩，这是公司上下全体同仁共同奋斗的结果，是大家运用自己的智慧、勤劳的双手培育出的丰硕果实。

在新的一年里，我们会用更饱满的激情、更勤恳的态度，取得更加优异的成绩，奔向更加美好的生活。

今天，我们在这里欢聚一堂，用温柔的歌声、激情的舞蹈，来表达在过去一年中收获的满足、对新的一年的憧憬与向往。××公司元旦联欢晚会，正式开始！

首先，由公司总经理××先生致辞，大家掌声欢迎！

（总经理××先生致辞完毕）

旧的一年已经离去，新的一年即将到来。在接下来的一年里，我们要继续提高公司在本市的影响力，打造成全省独一无二的知名品牌，成为业界航母级别的公司。在即将到来的明天，我们公司的发展会更好，生活也会更好。接下来，由×女士、×先生为我们带来一首优美的歌曲《明天会更好》，请大家欣赏。

（歌曲《明天会更好》唱完）

面对过去一年取得的收获，相信大家的心里都是暖洋洋的。我们公司就像温暖的大家庭，为员工提供了舒适的工作环境，物美价廉的食堂，设备齐全、生活便利的宿舍。将来，公司还计划建设休息室、娱乐室，让大家在工作之余能有更多的快乐、更少的压力。公司领导对员工的关爱温暖人心，公司的政策和福利更是情动人心。接下来，请大家欣赏由×小姐带来的歌曲《暖暖》。

（歌曲《暖暖》唱完）

艺术作品源于生活，更高于生活。那些打动人心的作品，往往来自我们生活中点点滴滴的小事。通过这些小事，我们学会了做人、做事，学会了待人接物，相信每个人都能从这样的艺术作品中获得启迪。

小品作为大家喜闻乐见的表演形式，更能通过讽刺带给人们反思，通过欢笑让思想更加深刻。下面，为大家带来的是二车间员工×××、×××、×××表演的小品《找人》。

（小品《找人》表演完毕）

冬日的暖阳终会离我们远去，温暖的春天就在前方等着我们。在新年的第一天，我们歌唱着、欢笑着迎接着全新的明天。在新的一年里，我们仍会经历充满希望的春天、热情的夏天、收获的秋天，然后在寒冬中从我们的大家庭里获得温暖。

接下来的一年，不变的依然是四季的更替，以及我们对工作的认真、热情和努力，变了的将是我们的成绩与收获。

今天的晚会到此结束，祝大家在新的一年里，身体健康，工作顺利，财源广进，阖家欢乐。同事们，明年见！

◎ 春节主持范文：妙语连珠送祝福

讲话技巧

春节是中华民族最重要的节日，相对于公历新年，人们更加重视农历新年。在这个日子里，大家都会放下手头的事情，享受节日的氛围。

人人都想告别过去一年中的不顺利，有一个全新的开始、顺利的过程、好的结局，我们需要送出的祝福就包含了这样的意味。

还是那个老生常谈的问题，说祝福很简单，将祝福说好却很难。每个人都知道恭喜发财、万事如意、新年大吉，因此，主持人就要别出心裁一点儿。这里有两个技巧，可以让你的祝福达到妙语连珠的效果。

第一，相对公历新年，农历新年有非常大的不同。农历新年都有一个对应的生肖，而关于生肖的吉祥话、成语数不胜数。如果我们能将所有的祝福都带上这一年的生肖，就能起到妙语连珠的效果。

第二，中国的语言文化博大精深，祝福语可以排列出不同的递进方式。例如，数字从 1 到 10 都有祝福可以说，春夏秋冬四季都有吉祥话可以讲，一年 12 个月、二十四节气、各种传统节日，都可以按照顺序说些祝福的话。这样连接起来，就是真正地将祝福串了起来。

范文一

尊敬的领导、各位来宾：

大家晚上好！

喜庆爆竹辞玉兔，吉祥梅花迎金龙。时光的车轮滚滚向前，兔年马上要离我们远去，龙年就在前方迎接着我们。伴随寒冬中的一丝暖意，春天已经向我们走来。在这辞旧迎新的日子，缘分将我们聚在一起，享受一段美好的时光。

接下来的一年是龙年，龙是中华民族的图腾，我们是炎黄子孙，是龙的传人。

在新的一年里，祝大家身体龙精虎猛，事业龙腾虎跃，进步是龙行虎步。

祝老年朋友龙神马壮，中年朋友有龙马精神。

祝刚刚步入社会的年轻人如飞龙在天，祝学子们学业有成、鲤鱼跃龙门。

祝要乔迁的朋友，新居都是雕龙画凤。

祝已经有另一半的朋友，夫妻恩爱，龙凤呈祥……

最后，让我们大家一起来迎接龙年的到来！

范文二

尊敬的各位领导、各位来宾：

大家晚上好！

红红火火过大年，欢欢喜喜迎新春。在过去的一年里，我们付出了劳动，挥洒了汗水，也迎来了收获。在新的一年里，有新的希望、新的成绩，有更加美好的愿景。

在新的一年里，祝各位在工作上，凡事都能一马当先，取得的成绩独一无二，遇到什么麻烦都能三下五除二地解决。生活中，自然是四时充美、五福临门、六六大顺，行有七星高照，食有八珍玉食，健康有天保九如，日子过得自然是十全十美……

谢谢大家！

范文三

尊敬的各位来宾、亲爱的朋友们：

大家晚上好！

新年的钟声即将敲响，过去的一年迈着步伐离我们渐渐远去。

过去的一年，在我们的人生中留下深深的痕迹，带给我们全新的感触、感悟和感动。在新的一年里，我们要描绘全新的人生蓝图，构筑新的梦想阶梯，让自己踏上全新的高度。

在这里，我祝愿大家在来年的春天里，灵感像春雨一样如约而至，机遇如阳光一般常在，成功的种子就会破土而出；在夏天，捉虫、施肥，让成功的幼苗茁壮成长；在秋天，所有的努力都不会白费，一分耕耘一分收获；在冬天，将收获变成新的养分，孕育下一次的成功……

祝大家新年快乐！

◎ 中秋主持范文：故事里头说团圆

讲话技巧

要说重视亲缘关系，中华民族不说是世界第一，肯定也名列前茅。中秋节，就是以团圆为主题的传统节日。

想要主持好一场中秋晚会，仅仅送出祝福显然是不够的，从团圆、家庭、亲人等方面入手更能打动人心。快乐、激动、兴奋等是爆发较快的情绪，感动、温馨、思念等则不是爆发性的情绪，所以，短短几句祝福语很难将在场人员带入主持人的语境。

想要慢慢让在场人员积累情绪，最后与主持人获得同感，最好的办法就是从故事入手。

会讲故事的人很多，但能否将故事讲好，发挥应有的效果，却不是一件容易的事情。

讲故事除了要有基础的能力外，选择的故事也是很重要的。只有遵循以下原则，才能将故事讲好。

第一，故事要符合时境。在中秋节讲故事，本身就是一种符合时境的做法。但是，想要更进一步贴合在场人员的心境，必须选择合适的故事。每个场合的与会人员除了有社会角色外，还有家庭角色。在家庭中，有些人是父母，有些人是子女。除此之外，还有辈分较高的老年人，或者生活在有很多兄弟姐妹的大家庭。

　　故事要好听，就必须抓住对方的家庭角色来讲，这样才能让听众感同身受，更有感触。如同我国翻拍的电影《十二公民》一样，选择坚持到最后，就是身临其境、感触最深的那个人。他的家庭角色与故事中的被害人是一样的，亲子关系也与案件中表面上的有重合之处。

　　所以，讲故事的时候，如果台下的听众以父母居多，就站在父母的角度上讲；如果台下的听众以子女的身份居多，就多讲讲家庭中子女的故事。

　　第二，故事要有新鲜感。传统故事虽然数量众多，但大家早已耳熟能详。《嫦娥奔月》《吴刚砍树》《玉兔捣药》，这样的故事不管是什么版本，很多人都听过。如果没有现代家庭中发生的故事，没有可以亲身带入的故事，不妨选择一些历史故事。

　　古人喜欢中秋节，在这个团圆浪漫的节日留下无数的美好诗篇和寄托思念的故事。选择历史名人中秋逸事中一些大家没听过的，显然更能吸引听众。选择故事的时候，有一点需要注意，虽然都是历史名人，但尽量不要选择有争议的历史人物，忠臣良将、文人骚客的故事自然是最好的。

/PART 1/ 节日、纪念活动：突出时境，注重现场交流

范 文

各位领导、各位来宾、各位同事：

大家晚上好！秋月朗照，丹桂飘香，在这一年一度的中秋节，大家团聚于此，享受欢声笑语，迎接收获的喜悦。

中秋节，是我们中华民族的团圆节。与亲人相聚、吃月饼、赏月，是最传统的过节方式。大家为了实现梦想，从五湖四海来到公司，虽然远离了故乡的亲人，但在公司里有了更多的兄弟姐妹。公司就是我们的大家庭，是我们的第二个家。今天，就让我们在这个大家庭中共同庆祝中秋佳节！

公司的各位领导为了我们能有更好的工作环境、生活环境，做了许多贴心的工作，比如公司的食堂、宿舍、休息室都为大家提供了便利。照顾到公司大家庭的同时，公司领导还照顾到了一些员工的小家庭。今天，家乡在千里之外湖北省的×××就迎来一份来自小家庭的惊喜。

×××工作努力，认真负责，坚守岗位，今年春节都没有时间回家。领导考虑到他许久没有见到远在家乡的妻子和儿子，于是就在中秋节时悄悄地将他的妻子、孩子接到公司。请大家用掌声庆贺他们一家的团聚！

公司不会辜负每个辛勤努力的员工，不管你的职位是高还是低，只要爱岗敬业，在自己的位置上做出应有的贡献，公司都会看得见……

◎ 劳动节演讲范文：歌颂词不能太浮夸

讲话技巧

劳动节是个特殊的节日，既不属于中秋、春节这些拥有非凡意义的传统节日，又不属于西方传入、年轻人喜欢、商家可炒作的节日。要说它很重要，却很少有家庭、个人会关注劳动节，一般情况下大家就等着节日到来好享受假期。但对于公司、机关单位、学校等，劳动节又是必不可少的。这样特别的节日，自然拥有特别的意义，也要给予特别的对待。

那么，劳动节的演讲发言，要遵循怎样的规则与说话技巧呢？

第一，端正态度，多用书面语言。随着时代发展，模式化、公式化、一本正经的演讲越来越不受人们的喜欢。许多演讲者会在演讲内容中加入更加随意、贴近生活的内容，这样做的确比较好，对他的演讲有很大帮助，但不是适用于所有场合。

劳动节对我们国家来说有着非凡的意义。有关劳动节的演讲，势必在正式场合需要正式的发言。在这种情况下，任何平日里让人觉得亲切的语言，反而会变成不合时宜的轻浮。只有端正态度，用书面语言，拿出你最正经的一面，才能做好劳动节的演讲。

第二，把握好歌颂的力度。劳动节是总结劳动成果的日子，也是提出新的劳动计划的日子，更是所有人躬身实践劳动的日子。这一天，劳动是最重要的主题，其本质是质朴的、真实的。太过浮夸的歌颂，只会破坏劳动节的意义，改变劳动节质朴的气氛。

赞美劳动光荣，歌颂劳动人民，是很必要的，但用词不能浮夸。"拯救全人类""开天辟地"这样的描述千万不要有，可以突出我们用自己的双手去劳动，挥洒汗水才创造出今天的生活，创造出现有的一切。

任何成绩不是凭空出现的，而是靠劳动获得的。成果不是翻天覆地的，只是让生活越来越好，脚踏实地，一步步前进。只要达到这样的力度，就够了。

第三，劳动者不分贵贱，歌颂不可有明显侧重。劳动节是歌颂劳动者的日子，无论在机关单位还是企业公司，或者是校园，每个人都是劳动者，都应该被歌颂。

如果单纯地对企业领导、管理者歌功颂德，完全不顾及其他劳动者，显然不是一次好的劳动节演讲。并且，这种过于凸显个人的歌颂，反而会让被歌颂的人很不舒服。

范文一

尊敬的各位领导、各位来宾：

大家好！今天是一个伟大的日子，国际五一劳动节，这是属于劳动人民的节日。我们的城市是劳动者建造的，我们的社会是由劳动者组成的，没有劳动者的无私奉献，也就没有我们今天的幸福生活。

我们公司的总体业绩在上半年取得了较大的进步，不仅销售额提高了30%，在本市的影响力也不断提高。这不是某个人取得的成绩，而是公司所有劳动者的功劳。

公司领导如同建筑师，他们高瞻远瞩，绘制蓝图，为公司发展定下计划；中层管理者如同现场指挥员，保证调度不出问题、部门运转正常；一线员工将每块建筑材料运到应该在的地方，挥洒汗水，一砖一瓦地将蓝图变成现实；后勤人员则是这一切能正常进行运转的保障，没有后勤人员，任何部门都无法正常运转。

正是在全体同仁的齐心协力下，公司才能迈开大步，在成功的道路上越走越远。

劳动不分贵贱，每个劳动者都是美丽的，让我们向伟大的劳动者们致敬！

范文二

尊敬的各位领导、各位同事：

大家晚上好！

值此五一劳动节到来之际，我想说说自己的想法。上学的时候，老师就不断说"劳动最光荣"，但作为学生，我们不能很好地体会什么是真正的劳动、当什么样的劳动者最光荣。如今，身为公司的一员，通过与各位同事的通力合作取得了各项成绩，我才真正知道劳动是什么，为什么劳动最光荣。

　　劳动并不简单，酸甜苦辣一应俱全，有付出的艰难、辛苦，也有收获时的幸福甜蜜。当然，更多的是与各位并肩作战的美好回忆。

　　今年2月份的时候，为了让新的管理体系能在公司顺利运行，管理人员不停地召开会议，基层员工也付出了大量的时间与精力去适应。4月时，大家同样非常忙碌，为了让革新的设备能顺利投入生产，工程师不断改革方案，技术员反复调试，最终才没有延误生产周期……

　　公司能取得今天的成绩，是全体成员共同努力的结果，辉煌的光芒是许多默默无闻的人努力争取来的。

　　我们用劳动创造生活，改造生活。今天，我深刻地体会到，劳动最光荣、最幸福！

◎ 公司周年庆主持范文：感谢和成绩要细说

讲话技巧

　　随着时代的发展，越来越多的企业认识到仪式感的重要性，开始重视团队文化建设，培养团队成员之间的默契感和对公司的热爱。公司周年庆，显然是建设团队文化、提升员工荣誉感的好机会。

主持公司的周年庆，就要凸显团队荣誉感这一主题。可以从以下三方面入手。

第一，公司取得了怎样的成绩。公司取得的成绩，是所有员工共同努力的结果。

团队里，一个人做的事情，从个人角度来看不是非常伟大，但组合到一起就成为惊人的成绩。这个成绩是公司取得的，也是每个员工取得的。想要提升团队荣誉感，就要让员工们认识到，大家所做的事情组合到一起有多么庞大的力量，能取得多么巨大的成绩。

第二，抓住因果关系。公司能取得好成绩，肯定离不开全体员工的共同努力。但是，谁究竟做了什么呢？又有哪些人做出破格、决定性的成绩呢？说清楚这些事情非常重要。如果没有说清楚感谢对象和成绩，缺少必然的因果联系，就会给人一种薄弱的感觉，名不副实。

第三，任何感谢都要有细节做支撑。不管是公司的成绩还是个人的业绩，在场每个人不一定都能清楚了解。要让在场的人更深刻地感受到公司取得的伟大成就，某些人做出了巨大贡献，就必须将细节讲得明明白白，如横向对比，纵向比较，比同行业好多少，比过去的自己又好多少。

抓住这些细节，才能让听众对你说的话有实感。

范文

尊敬的各位领导、各位来宾、各位同僚：

大家晚上好！

今年是我们公司的十周年年庆。这十年，我们付出了努力，挥洒了汗水，取得了收获；这十年，公司的营业额突飞猛进，登上一个又一个台阶，正在迈向辉煌；这十年，从默默无闻到成为在本市影响力独一无二的企业，现在还在开发海外市场，争取成为第一个在国际上打响名气的本市明星企业。

当然，任何成功都不是一蹴而就的。仅仅统计我们公司去年获得的成果，就能让人感到欣喜。去年，我们公司的成交额突破1.2亿元，相比前年提高了13%，超过本市所有的友商，在省内也是同行业中的顶尖。

公司取得这样的成绩，是因为在座每个人的努力而获得的。

公司领导都是兢兢业业，为公司发展制订了长远的计划。正是在他们的带领和帮助下，各位同仁才能心无旁骛，努力拼搏，为自己、为公司创造更美好的明天。

我们的员工都是同行业中的精英，特别是一些优秀员工，他们不仅在岗位上取得了优异成绩，更是发挥了带头作用。在他们的影响下，公司人人争当先进，展现出我司员工当仁不让、一马当先的精神面貌。

当然，最不能忘记的，是一直支持我们的客户、我们的合作伙伴。没有你们，就没有我们的今天。有不少客户更是与我们风雨同舟，一路兼程，见证了我们十年的发展历程。希望在今后的日子里，你们还能一如既往地支持我们、信赖我们。让我们共同携手，在未来取得更好的成绩。

十年风雨，我们共同走过；十年寒暑，我们共同进步。在这十年里，有汗水，有泪水，有辛劳付出，也有艰难困苦。但在我们的共同努力、互相扶持下，坎坷被踏平，荆棘被砍倒，千难万险最终也都安然无恙地度过了。

这是公司的成绩，也是我们每个人的成绩。公司取得的荣誉，离不开每一个人的努力和贡献。感谢今天到来的各位领导、嘉宾和同仁，你们赋予今天这个纪念日非凡的意义，让它更加缤纷多彩。

××公司周年庆典，到此结束！

/PART 2/ 商务会议、公司活动主持：规范得体，礼仪第一

> 商务会议召开、公司活动开展之时，不仅是双方合作的好日子，更是主持者展示公司面貌、被更多人认识的日子。不管双方关系有多好、多熟络，也要给人一种主持者重视这个活动、作风严谨且面貌得体的感觉。

◎ 注重细节，千万不要有错漏

都说细节决定成败，其实在商务合作中，细节比人们想象的更加重要。缺少细节，商务合作很可能变成平常聚会，公司活动也显得毫无说服力。特别是公司对外的印象，某些时候一个细节做得好，就能给人留下"这个公司很可靠"的印象；某个细节做得不好，就可能让人产生"草台班子""皮包公司"的糟糕印象。

细节的完美不仅体现在合作流程、场地、事务上，语言细节也非常重要。

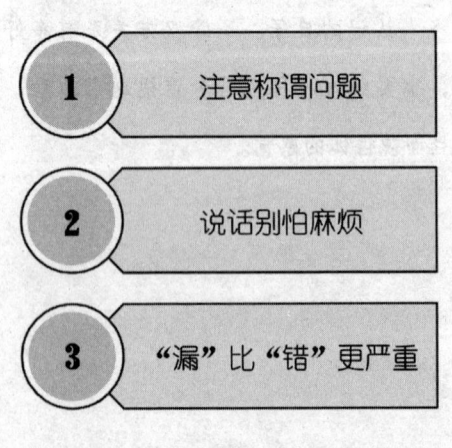

1	注意称谓问题
2	说话别怕麻烦
3	"漏"比"错"更严重

图 2-1　注意语言细节

第一，注意称谓问题。 商务活动的即兴发言中，称谓是非常重要的，不管是介绍对方还是己方，切记不可出现错漏。如果介绍错了对方的称谓、头衔、职务，他们势必不高兴；如果介绍错了己方的称谓、头衔、职务，就有可能出现误会，让气氛变得格外尴尬。

称谓、头衔、职务在与姓氏相连的时候，如果不注意细节，也会出现很多不必要的麻烦。例如，在商务会议上介绍对方公司的负责人时，该负责人刚好姓付，如果主持人介绍说"这位是××公司的付总经理"，这就会引起歧义，甚至让对方觉得被冒犯了；如果说"这位是××公司的总经理付先生"，就可以避免这种问题。所以，介绍双方人员时一定要在心里过一遍，觉得不会出现歧义、有不必要的问题再介绍。

第二，说话别怕麻烦。 中文博大精深，同样一个字放在不同的地方，或者使用不同的读音，都有可能代表截然不同的含义。最著名的例子，就是债务凭证上的"还"字。"还（hai）欠款1000元"和"还（huan）欠款1000元"是截然不同的意思。

这个例子出现在书面语中，比口头表述时问题要更多，更加严谨。同样一句话，用不同的语气说出来，对方会产生截然不同的感受。所以，将自己的语言规范化、书面化，尽量避免发言口语化造成的误会。

第三，"漏"比"错"更严重。 不管我们准备得多么周全，也会出现突发状况。例如，对方突然来了我们不认识的人，或者是出现意外情况，千万不要因为怕说错而选择不说。

嘴巴是用来说话的，面对自己不知道的人或者事，开头询问不是什么见不得人的。如果选择忽略、跳过，就显得很没有礼貌。即便对方能明白你是因为不认识才做出这样的选择,也难免给人思维僵硬、不懂变通的印象。

◎ 事实与数据是最有力的发言

商务活动发言中,严谨和说服力是最重要的。在语言中,事实和数据则最有力量,最能展现严谨和说服力。

事实依靠数据,但数据代表的并不一定是真实的。但在必要的情况下,数据越真实,就越有强大的力量。例如,介绍公司员工数量时,"有员工数百人"和"有员工437人",这两种表达方式展现的力量就是完全不同的。

模棱两可的语言在这种场合尽量不要出现,特别是在描述己方和对方的时候。可能、也许、或许、应该,这些词语不仅代表着不确定性,更代表着没有底气,对事情缺少全面的了解。这样的话是没有力量的,不能取信于人。

事实和数据是最强有力的,但使用的时候同样需要技巧,盲目地用事实和数据说话,不一定能起到想要的效果。以下几个技巧,有助于让事实和数据更有说服力,让你的发言更有价值。

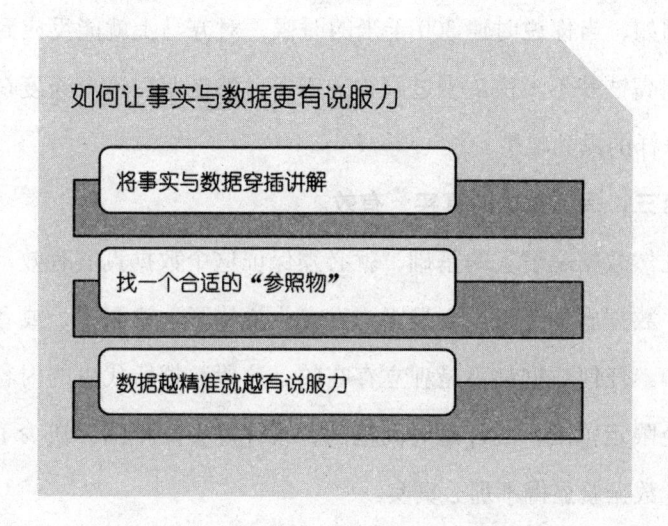

```
如何让事实与数据更有说服力
  ├─ 将事实与数据穿插讲解
  ├─ 找一个合适的"参照物"
  └─ 数据越精准就越有说服力
```

图 2-2　如何让事实与数据更有说服力

第一，堆砌事实和数据会让发言变得枯燥，穿插进行才能拥有更多听众。

单纯用事实和数据发言，很少有人会喜欢听。任何一场演讲、主持中，如果只有事实和数据，即便这些内容很重要，听众也很难集中注意力、全神贯注地听完整场发言。

我们既要让发言变得有力量，又要让人注意听，就要找好这个尺度。数据应该放在什么地方，两组数据中间应该有几句话，这是非常重要的。

第二，为了让听众更好地了解数据，要选择大家都能明白的参照物。

数字是真实而有说服力的，前提是对方能够明白这组数字代表的是什么。

如果有合适的参照物，对方就能在一瞬间明白你列举的数字意义。例如，当你说时速 300 千米的时候，对方马上就能反应到这个速度和高铁差不多快。坐过高铁的人，自然能明白这个速度在生活中是怎样的风驰电掣。

第三，保证数据的真实、有效。

既然数据是事实的基础，就必须保证这个数据真实有效。很多时候，数据出现错误，不是因为发言人说错了、说漏了，或者是故意欺骗。任何数据都不是独立存在的，这段数据所代表的内容往往有一个限定范围，或许是时间范围，或许是空间范围。缺少了这个范围，数据就显得不那么真实。

例如，"去年，公司的营业额突破 1 亿元"，这个去年究竟是什么时间范围？从今天开始向前数 12 个月，或者是前一年 12 个月的？要精确到月还是到天？显然，这个说法不那么精确，有很大的操作空间。如果将"去年"这个词换成"从去年 6 月到今年 5 月"，就会显得精准得多。

◎ 公益活动主持范文：情感的传递与渲染

讲话技巧

公益活动，是希望能通过某项活动号召大众对有需要帮助的群体伸出援手。这种活动的目的性，远比其他活动来得更加明显，最后活动目标是否达成也是存在标准的。所以，公益活动一定要主持好，才能让更多的志愿者加入进来。

想要达成目的，需要让情感在参与活动的人群中传递，互相感染。当每个人都对活动有所感触，对有需要的人感同身受时，这场主持活动就算成功了。

从活动本身来看，主持、发言内容可以围绕三部分进行。抓住这三部分，就等于抓住了发言的重点。

第一部分，需要帮助的人。任何公益活动都有最终的受众，让在场的人了解被帮助的是一个怎样的群体就显得非常重要。因为没有人会无缘无故地对他人援手相助，特别是在完全不了解的情况下。

因此，发言中，主持人一定要讲清楚受帮助者的情况——这场公益活动要帮助的是谁，为什么帮助他们，以怎样的方式提供帮助。只有明白这些情况，公益活动在听众的心中才是真实、可靠的。毕竟要让他人援手，总要给对方足够的理由和对组织者的信任。

第二部分，援手之人。公益活动不是从零开始的，势必有人已经做了领头羊，完成了前期的准备工作，并负责组织这场公益活动。感谢已经为活动提供帮助的人非常必要，适当的歌颂也是不可或缺的。

歌颂公益活动的组织者，一方面是感谢他们提供帮助，感谢他们的善良、热心；另一方面，也是告诉其他没有加入进来的人，当他们加入公益活动向有需要的人提出帮助时，可以成为什么样的人——就是善良、热心群体中的一员。

第三部分，受帮助的人和援手的人如何连接起来。 参与公益活动的方式很多，出资是尽了一份力，同样也可以提供其他帮助。特别是亲自去看看、去感受、去接触，能更好地理解受帮助者为什么需要帮助。这样的互动，也是最温暖人心的。

情感的传递，最重要的是感同身受。到场参加活动的人员，可能没办法亲身体验这种情感，但主持人可以通过描述各方情况，让听众通过全面了解建立起情感连接以达成目的。

范 文

尊敬的各位领导、各位媒体朋友、各位来宾：大家好！

在这冬去春来、暖意融融的日子，我们将迎来一个温暖人心的时刻。由××集团赞助，关注并支持贫困地区儿童上学的活动，正式启动！

大家都说再穷不能穷教育，再苦不能苦孩子。虽然整个社会都在为贫困地区的儿童能更好地接受教育而不懈努力着，但在全国仍然有2000多万名失学儿童。他们有些是因为学校过于遥远而到达不了，有些是因为连基本的书本费都交不起，还有些是因为家庭原因，需要孩子在家为父母提供帮助。

孩子们想要上学，想要读书、认字，这样简单的愿望却充满重重障碍。有的孩子即便在大雪纷飞的冬季，仍然坚持步行去10公里外的学校读书，手脚冻得都是血口子；有的孩子在家照顾生病的老人，一闲下来就拿起书本，一刻都不想耽搁。他们不想放弃，他们是那样坚强。

正是为了实现孩子们能读书这样简单的梦想，才有了××集团组织的这次公益活动。社会各领域、各行业的爱心人士也纷纷响应，为贫困地区的孩子们能够读书贡献一份力量。虽然他们来自不同的行业，有不同的身份、年龄、性别，但他们心中都有一份无私的大爱。

这种爱是纯洁的，不求回报，值得传颂，应该如同接力棒一样传承下去。正是他们奉献的温暖与爱心，让许多孩子能够重新回到课堂，捧起书本；正是他们的奉献，为孩子未来的前途点上一盏明灯；正是他们的奉献，让孩子的生活又有了温暖和阳光。在这里，请让我对他们表示由衷的感谢！

希望有更多的人愿意向这些想要读书的孩子伸出援手，为他们提供帮助。您的帮助会变成孩子们努力学习的教室、手中的课本，也会变成一套套保证孩子健康成长的课桌椅。谢谢大家！

◎ 签约仪式主持范文：面面俱到的严谨发言

讲话技巧

签约仪式是商务活动中最正式、最隆重的场合，在这种场合发言，一定要小心谨慎，面面俱到。这不仅象征着双方合作从原本的有意向到正式签订协议的时候，更是象征这个签约仪式结束以后，双方的合作有了法律和商业规则的约束。因此，这对双方来说都不容小觑。

想要主持好签约仪式，一定要注意以下三点。

第一，介绍参加签约仪式的人要有层次。签约仪式的参与人员不仅有双方的工作人员，对于大型的签约仪式，当地政府的领导干部也会参加，还可能有双方的合作伙伴，或者其他企业的负责人做见证。因此，介绍的时候，一定要分出层次，哪些需要先介绍，哪些要后介绍，哪些归为领导干部，哪些是主要参与者，哪些是来宾。

第二，介绍签约项目以及阐述签约意义时要简明扼要。签约仪式不是演讲，不需要太多的个人发挥，更不需要将签约项目美化、夸大。签约双方都很明白自己在做什么，签约仪式也是经过深思熟虑后做出的。因此，只需简单地阐述签约项目，让到场的宾客、媒体对签约项目有个基本了解就足够了。

第三，签约仪式的收尾一定要干净利落。签约仪式虽然重要，但流程不会太长。签约仪式结束以后还会举办庆功宴，因此，签约仪式结束时，主持人一定要干净利落地收尾。这个收尾不需要对到场的领导、来宾一一致谢，也不需要重申这场签约仪式的重要性，甚至不需要说太多祝福的话，只需用一两句话对到场的领导、来宾表示感谢，滴水不漏地结束即可。

范文一

尊敬的各位领导、各位来宾,女士们、先生们:

大家上午好!在这金色十月、秋风送爽之时,××县又迎来一项重要的活动——×××旅游节项目签约仪式!在此,我代表××旅游有限公司,向××县委、县政府以及全县的人民表示感谢!同样感谢出席签约仪式的××旅游有限公司总经理×××先生、副总经理××女士……

首先,我要向大家介绍出席本次签约仪式的双方代表:

甲方出席的代表是××旅游有限公司的总经理××先生、副总经理××女士,人力资源部经理×××先生,财务部经理××女士!

乙方出席的代表是××县委书记××、县旅游局局长×××……

下面进行第一项议程,请××县委书记××同志讲话,大家鼓掌欢迎!

…………

接下来进行第二项议程:项目签约!请双方代表上台就座。

…………

让我们对签约成功报以热烈的掌声!

本次签约活动,象征××旅游有限公司与××县在旅游方面达成正式合作。感谢××县对我们的肯定以及信任,我们一定会信守承诺,用最好的服务让这次合作圆满成功!

今天的签约仪式到此结束,感谢到场的各位领导、来宾,祝大家身体健康、万事如意!

范文二

各位领导、各位来宾,到场的各位朋友:

大家下午好!

在这万象更新、春回大地的日子,××餐饮连锁集团又迎来一个重要的时刻,将在今天正式入驻本市××大饭店。这意味着双方都很看好彼此的未来,愿意携手共进,创造美好的明天!

莅临现场的,除了双方的代表外,还有××市招商局局长×××、××市财政局副局长×××……

今天到场的媒体有:××电视台、××日报、××晚报……感谢媒体朋友们的到来!

今天出席签约仪式的,××大饭店的代表是总经理×××先生、副总经理×××先生和财务经理×××女士。

××餐饮连锁集团的代表是总裁×××先生、市场运营总监×××先生。

下面进行第一项议程,有请××市招商局局长×××同志致辞!

…………

第二项议程,有请××餐饮连锁集团总裁×××先生上台讲话。

············

接下来进行第三项议程,项目签约。有请双方代表上台就座。

············

请签约双方互换文本。

············

项目签约仪式正式结束!再次感谢到场的各位领导、来宾,祝大家身体健康,祝远道而来的朋友旅途愉快!

◎ 动员会主持范文:调动情绪最重要

讲话技巧

  动员大会,就是一场明确目标,希望大家能够做什么、做到什么的会议。想要实现这一目标,必须调动与会人员的情绪。演讲缺少感染力,与会人员的情绪不饱满,就难以被调动起来,很难发挥动员的性质。

  那么,要如何调动在场听众的情绪呢?可以分为几步,层层叠加,让激情的语言成为动员的力量,调动听众的情绪。

  第一步,从情感上阐述动员的意义。从古至今,动员的方式无非晓之以理、诱之以利、动之以情三种。其中，最有效、最能坚定人心的，就是动之以情。例如，在《羊皮卷》丛书中有一册名为《向你挑战》，旨在通过向自己挑战的方式，有规律地生活、有计划地做事，在保证身体健康的同时还能保证心理健康。

经常运动，保证健康，这件事没有坏处，只有好处。这个道理人人都懂，能获得的好处也摆在眼前，但很多人不想去做，或者不能坚持。通过向自己挑战，利用自己不想被击败的心情，可以实现这一点，发挥情感动员的价值。

第二步，阐述动员大会的实际目的。 你想要说一件怎样的事情，号召大家去做什么、怎样做，这些都要讲清楚。只有激情、热情，却没有合适的做法，满腔热血最终无处可去，动员也就没有什么作用了。

一鼓作气，再而衰，三而竭。如果不能在大家情绪的最高点抛出你想要动员的事情，下一次再调动大家的情绪，效果就不会这么好了。

第三步，告知动员大会的实际收益。 没有收获做支撑，仅仅靠一腔热情，当热情冷却时，行动也会就此终止。只有让大家知道这样做不仅有意义，而且有收获，才能将这种热情保持下去。既能满足情感需求，又能看到实际收获，何乐而不为呢？

范文一

尊敬的各位领导、各位伙伴，大家好！

新一轮的朝阳象征着全新的一天，在我们面前又是一个全新的开始。在上一个季度，有些同事已经取得了优秀的成绩，他们如同一只只翱翔在天空的苍鹰，不畏风雨，不断挑战。还有些同事，因为各种原因还没有取得理想的成果，达到自己的目标。现在，一切都将从头开始，大家重新站在同一起跑线上。

新的季度开始了，它充满新的期望和憧憬。机会面前人人平等，市场面前人人争先。我们可能不小心没有把握住过去，但原地踏步、自怨自艾并不是摆脱过去的方式。只有抓住现在，不断前进，才有可能改变，拥抱未来。

如今，千载难逢的机会已经摆在眼前，我们有什么理由不伸出双手去抓住呢？

接下来，有请××总经理上台，向大家介绍第二季度的企划方案！

……

有付出才有回报，有努力才有收获！

第二季度的企划方案，势必能够将我们营销团队打造成一支无坚不摧、所向披靡的军团！相信在第二季度，会有更多的营销团队开拓更多的市场，拥有更多的客户，获得更多的回报。更重要的是，那些优秀的团队还能获得一定的经营自主权。

公司是我们展现自我能力的舞台,是我们冒险探宝的大海。不管多少次,只要我们勇于面对挑战,勇敢起航,早晚能看到胜利的曙光。

感谢各位领导、各位同事参加本公司的动员大会,××公司第二季度动员大会到此结束!

范文二

尊敬的各位领导,亲爱的各位同事,大家好!

今天,我们欢聚一堂,召开一次门店经营目标达成动员会。

正式动员前,我先表达一下自己的想法。在××公司工作是幸福的,这里不会埋没任何有才能、有潜力的员工——只要你足够努力,就有无数的学习机会和展示自己的舞台;只要你能完成既定目标,就一定能得到相应的回报。

公司坚持以人为本的管理理念,执行全面、公开、客观的晋升制度,让每个为公司做出贡献的员工都能发光发热、被大家看见。

下面有请营业部主管××做动员感言,大家掌声欢迎!

…………

今天的动员大会,既是对大家的挑战,也是难得的机遇。通过各门店的比武,获胜者可以角逐新门店店长的职位。不用十年磨一剑,只需在下一季度奋勇拼搏,就能抓住这个难得的机会!

谢谢大家!

◎ 员工表彰大会活动主持范文：
有激情，能号召，才鼓舞人心

讲话技巧

员工表彰大会的目的主要有两个：一是表扬和肯定优秀员工，让其对公司更有归属感，知道自己的努力不是徒劳无获；二是激励其他员工，让他们知道，只要肯付出、为公司做贡献，公司必然不会忘记他们的功劳和荣誉。

既然如此，主持员工表彰大会活动时，主持人的发言一定要注意以下方面。

第一，发言要有激情、号召力。员工是企业发展的基石。之所以举办员工表彰大会，最主要的目的就是希望通过这种方式激励员工的士气，让员工在工作上更有激情和动力。因此，主持员工表彰大会时，主持人的发言一定要充满激情和号召力，用煽情的语言调动员工的情绪，激发员工内心对工作的激情和对成功的渴望。

第二，言简意赅，说清前因后果。表彰特定的优秀员工时，主持人一定要言简意赅，把员工的姓名、所在部门以及被表彰的原因说清楚，这样才能让员工更深切地感受到公司对自己的重视，知道自己的努力和为公司的付出,是被公司和领导铭记的。

第三,突出企业对员工优秀表现的认可与反馈。 发言时,主持人除了表彰员工的成绩和贡献外,也要把企业对员工优秀表现的认可与反馈说出来,给全体员工传达一个信息:只要努力,必然有收获。

要知道,对大多数员工来说,工作是他们赖以生存的手段。考虑通过工作获得成就感或满足感之前,大部分人考虑最多的是实际回报,以及将来的上升空间等问题。

范文一

尊敬的各位领导、同仁们:

大家下午好!

在这歌声澎湃、群情激昂的日子,我们迎来一年一度的公司员工表彰大会。在这里,我谨代表公司对20××年荣获年度优秀员工称号的各位同仁表示热烈的祝贺以及衷心的感谢!谢谢各位优秀的员工在过去一年中对公司的贡献,谢谢你们!

首先,请我们公司的掌舵人——×××董事长为我们致辞!

(董事长致辞)

感谢×××董事长的致辞。接下来,让我们有请×××总经理宣布今年荣获年度优秀员工称号的人员名单。

(总经理宣布优秀员工名单)

请念到名字的员工走上台来,让我们再次把热烈的掌声送给他们！

  为了感谢大家这一年来为公司发展所做的贡献，公司为每位优秀员工准备了一份答谢礼。现在，有请×××经理代表公司为各位优秀员工颁发奖状和礼品。

  （经理颁发奖品）

  其他没有领到奖品的员工也不要失望，在接下来的一年，我们共同努力，再接再厉，相信明年的这个时候，你们一定有机会站上舞台收获这份荣誉。

  每一次耕耘必然会有所收获，每一分努力终将迎来成果。在过去的一年，在诸位共同的努力与付出下，我们硕果累累。新的一年即将来临，让我们携手前进，打开新的篇章，用更饱满的激情创造新的辉煌！

  海阔凭鱼跃，天高任鸟飞。公司已经为我们提供了广阔的平台，接下来，该看我们如何在这个舞台上尽情驰骋、展翅翱翔了！

  听——冲锋的号角已经吹响，让我们和着激昂的鼓点，走向更美好的明天！

范文二

  尊敬的各位领导、各位嘉宾，女士们、先生们：

  大家晚上好，欢迎来到××集团一年一度的总结表彰大会，现在我宣布，表彰大会正式开始！

  首先，要感谢我们的领导在过去的一年里对集团的发展做出了英明的决策。其次，要感谢社会各界朋友对我们工作的关心、帮助和支持。最后，要感谢集团的全体员工，在工作上付出的辛劳与汗水，是你们的共同努力，是你们高水平的业务能力让集团的事业发展得越来越好！谢谢大家！

在过去的一年，我们遭遇过挫折，迎接过挑战，也获得了无数的成功与荣誉。20××年××月××日，我们公司成功上市，打入国际市场。这一切的成绩，都离不开大家的努力！

下面，让我们以热烈的掌声，欢迎×××董事长为我们做20××年的工作总结，带领我们一起回顾一年来取得的令人振奋鼓舞的成绩！

（董事长致辞）

刚才，×××董事长已经用精练的语言全面总结了20××年度集团的工作情况，并对各部门兢兢业业、勤勤恳恳的付出给予了充分地肯定。

这一年里，集团内部涌现出一批非常优秀、在工作上有着巨大贡献的员工。他们忠于职守，开拓进取，是值得全体员工学习的榜样。下面，有请集团副总×××宣布此次获得表彰的员工名单，以及他们在工作上做出的成绩与贡献！掌声有请！

（集团副总宣读名单）

请各位优秀员工上台领奖！

先进的团队，优秀的员工，是企业发展的基石。我们一年一度的优秀员工表彰大会，最大的意义不仅在于对这些优秀员工的表彰与肯定，更重要的是，希望能够借此鞭策和带动全体员工，让大家一起齐心协力、爱岗敬业，把各项工作做好，并紧密团结在一起，发扬开拓进取的精神，将企业做好、做大，创造更辉煌的明天！

同志们，旧的一年马上过去，新的一年即将到来，让我们携手共进，以崭新的面貌继往开来，在领导英明的带领下，共同创造××集团的新世纪。

今天的表彰大会到此全部结束，祝愿大家在新的一年里前程似锦，再创辉煌！

散会！

◎ 竞选、竞聘范文：态度谦虚，平和有礼

讲话技巧

竞选或竞聘时，通常需要演讲来展示自己以及"拉票"。进行这类发言时，有一些问题需要大家注意。

第一，目标明确，发言有重点。不同的工作、职位，需要具备的素质不一样。所以，竞选或竞聘时，发言应目标明确，有重点地展示自己与所要竞选的职位或工作相契合的特质，而不是漫无目的地乱讲。

第二，展示自己，不要过分谦虚。谦虚是一种美德，但过分谦虚只会给人留下缺乏自信的印象。更何况，竞选和竞聘本身就是竞

争,想要赢得对手,就得去争、去抢。如果只是一味谦虚,跟主动认输有什么区别呢?

无论是竞选还是竞聘演讲,都应充满自信地展示自己的优势,把自己的长处在最短的时间内展现在别人面前。

第三,自信有礼,切忌狂妄自大。自信不代表自大。当一个人充满自信的时候,很容易得到别人的信服。如果一个人表现得狂妄自大,反而容易引起别人的反感。

无论是竞选还是竞聘,我们都需要得到目标对象的支持和好感。所以,即使自己的优势很强大,也千万不能表现得狂妄自大,充满自信的同时记得谦逊有礼。

第四,吐字清晰,有逻辑、有条理。任何场合下的脱稿讲话,时间长短都是要考虑的重要问题。

再精彩的演讲,一旦时间过长,都会让人感到不耐烦。所以,在有限的时长下,我们必须规划好讲话内容,做到有逻辑、有条理,言简意赅地把自己的优势展示出来。讲话时,吐字一定要清晰,不能含含糊糊让人听不清楚。

范 文

尊敬的各位领导、主考官:

大家好!

感谢公司能给我这样一个机会可以竞聘人事总监的职位,这也是对我工作能力的一种检验。无论这次竞聘能否成功,这段经历都是我职业生涯中一次非常宝贵的学习和锻炼机会。

我先介绍一下自己。我叫×××，现任人事部门××职位，今天要竞选的是人事总监职务。

我是20××年进入公司的，至今已有三年多。在这三年中，我主要在人事部门负责人事工作。在领导×××的带领下，我们部门团结协作，能克服一切困难。在同事的支持与帮助下，我顺利完成了繁重的工作任务，迎接一次又一次的挑战，累积了丰富的工作经验。

这些年的历练，让我对人事方面的工作有了很多思考和较为深刻的认识。我认为，在企业，人事工作事关全局，想要胜任必须有足够的耐心和细心，能够团结同事、友爱同仁，更重要的是具有大局意识，处理事情不偏不倚、公正公开。

我认为自己有足够的能力竞聘这一职务，有信心胜任这个岗位的工作。

优势之一，在于我为人真诚，有良好的群众基础。一直以来，我从事的都是人事方面的工作，负责领导和同事之间的沟通，这为我累积了良好的群众基础，对我以后工作的开展有很大的帮助。

优势之二，在于自己有非常强的学习能力。进入公司之后，除了完成本职工作外，我还自学了与工作相关的诸多理论知识和法律法规政策，努力丰富学识和思想。

优势之三，在于我的自信和对工作的热忱。丰富的工作经验，让我对人事工作有着非常深刻的了解和认识，这是我自信的来源和底气。对于这份工作，我有着百分百的热忱，发自内心地热爱它。有了这两点，我认为自己一定可以把这份工作做好。

优势之四，我有非常丰富的工作经验。几年来，我在工作上的成绩是有目共睹的。对于本职工作，我一直兢兢业业，出色地完成，并取得了理想的成果。在这个过程中，我对公司的整体运营和各部门的运转情况都有非常全面的了解和掌握，再加上丰富的工作经验，更为我胜任这一岗位提供了全方位的保证。

　　所以，我有信心也有能力胜任这一岗位。

　　不以一时自得而自诩其能，不以一时失落而自坠其志。这是我一直牢记的格言，并时时以此自省、自勉。

　　如果能够竞聘成功，我一定会继续加强学习，尽快融入岗位，进一步提升能力，更好地掌握工作技巧和方法，力求以最快的速度适应工作，高效率地完成领导交办的一切任务。如果此次竞聘失利，我也会将此次竞聘经历当成宝贵的经验，努力自省，争取更大的进步，进一步提升自己的工作能力。

　　谢谢各位尊敬的领导、主考官！

◎ 就职活动主持范文：激励与展望并重

讲话技巧

　　就职活动通常涉及两个内容：一是旧领导班子卸任，二是新领导班子上台。既然是就职活动，很显然，新上台的领导班子是当之无愧的主角。所以，主持这类活动的时候一定要注意好发言的重点。

通常来说，介绍新领导班子或就职人员之前，我们会对上一任领导班子或担任此职务的人员表示感谢，肯定其在工作岗位上的付出和取得的成绩。但这段发言不宜过长，因为其主要起到抛砖引玉的作用。

介绍新的领导班子或就职人员时，应该先提一提对方身上的"光环"和以往取得的光辉业绩，为其增加筹码和"重量"。

俗话说"一朝天子一朝臣"，任何上层领导的人事变动，都会让基层人员产生担忧和不安。所以，为了稳定基层人员的情绪，让其对新领导班子产生信任感，主持人发言时一定要注意激励与展望并重。

简单来说，就是既要用激昂的语言调动听众的情绪，鼓励听众一如既往地努力做事，又要懂得给听众"画蓝图"，对未来产生憧憬和渴望。

范　文

尊敬的各位领导、各位来宾，亲爱的同事、朋友们：

大家晚上好！

现在我宣布，×××集团××地区经销商就职典礼现在开始！

首先，我先介绍一下自己，我是×××集团宣传部门最富有激情、对工作最热忱的代表人×××！

在这花香鸟语、草长莺飞的日子，我们欢聚一堂，共同庆祝这一特殊的盛事，庆祝一位女性从平凡走向卓越，从普普通通的个体户，通过不懈努力改变了命运，成为拥有高收入、高社会价值以及光明未来的经销商，成为××地区千万女性的楷模！

×××女士，就是这位令人敬佩、充满传奇的人，今天集团特地为她在这里举办隆重的就职仪式，既是为了庆祝她的成功，也是告诉所有人，只要像×××女士一样付出努力，坚持奋斗，就定能开创新事业，造就辉煌的未来！

我们集团的经销商来自各行各业，涵盖各个阶层。他们中有普通的工人，有平凡的家庭主妇，有著名的影视明星，有成功的企业家……他们的身份、年龄各异，但都抱着对成功和梦想的同样期望，在不断地学习与努力中提升自己，铸就传奇，收获成功。成为×××集团的经销商，正是他们实现梦想、收获成功的第一步。

现在，让我们举起双手，用热烈的掌声，欢迎这位勇于追逐梦想、敢于突破自己、创造辉煌的×××女士！

接下来，让我们有请×××集团大中国区经销商代表×××先生作为集团代表，为×××女士献上鲜花，欢迎×××女士加入我们的经销商团队。

×××集团从19××年成立至今，从一家名不见经传的小公司一步步发展成为今天的世界500强企业，离不开在座所有人的支持，是大家的信任与支持、集团全体员工的辛勤劳动、各位经销商的努力拼搏，才让集团能够取得这样的成功。与此同时，集团的发展壮大，也为我们实现梦想提供了更大的舞台，让我们有更多的机会实现命运的逆袭，从平凡走向卓越。

就像今天的×××女士，我敢说，这次就职典礼将成为她人生命运的转折，是她踏上成功、创造辉煌、收获梦想的开始。此时此刻，×××女士一定有很多感想、心里话想要和大家分享，让我们一起听听她会说些什么。掌声响起来！

（×××女士致辞）

非常感谢×××女士的分享，听了她的故事，相信在座的每一位心中都有所感慨。我们和×××女士一样，有着同样或相似的经历，曾在平凡的生活中消耗着光阴，浑浑噩噩，不知前路方向。现在，×××女士已经找到属于她的方向，为她自己的未来而奋斗，这是一件多么值得欢欣鼓舞的事情。想必此时此刻，每个人心中都已经埋下梦想的种子，开始生根发芽。

×××集团是每个追梦人实现理想的沃土。在这里，每个有梦想的人都有机会展现才华，实现抱负。只要你肯努力，有想法，×××集团就会为你提供舞台，让你自由生长、努力耕耘。

还在等什么呢？只要你敢拼、敢闯，成功的大门就会为你而敞开！一分耕耘，必然有一分收获；一份努力，必将为你赢来拥抱成功的机会！

最后，再次感谢来自五湖四海的经销商们，感谢集团的每位员工，因为你们的支持，我们的集团才发展得越来越好！让我们举起双手，把掌声送给自己！

今天的就职典礼到这里就圆满结束了，谢谢各位朋友的参与和支持，下次再见！

◎ 商务聚会、联谊活动主持范文：场面话信手拈来

讲话技巧

无论是商务聚会还是联谊活动，真正的主角都是参加活动的人员，主持人需要带动交流气氛、把控活动流程。

先说第一点，带动交流气氛。这其实不难，因为这些活动的重头戏都在"交流"环节，所以主持人的发言不需要多么精彩，只要契合活动气氛，说上几句场面话，达到抛砖引玉的效果就可以了。

需要注意的是，参加这类活动的人都抱着与人交流互动的目的，主持人的发言要尽量精简，不要占用太多时间。

把控活动流程也是主持人的责任之一。通常来说，这类活动都有流程安排，第一步做什么，第二步做什么，第三步再做什么……主持人根据现场实际情况可以随时调整，力求让每个流程都能充实、顺畅地进行下去，让活动圆满进行。

值得注意的是，因为活动具有一定灵活性，所以根据现场情况，需要主持人具备一定的应变能力。因此，准备讲话内容时，要有一些与活动性质契合的场面话和俏皮话，以备不时之需。

范文一

尊敬的各位领导、同仁们：

大家晚上好！

有句古话说过：天时不如地利，地利不如人和。今天晚上，我们相聚在这里，有美食，有美酒，有优秀的领导，有友爱的同事，这不就是"人和"最好的写照吗？

在这里，请允许我代表公司的各位同仁，对英明的领导表示衷心的感谢，感谢他们为大家组织了这次聚会活动！

上一次公司组织的大型聚会活动还是在半年前。记得那时候，公司正为了××项目而奋斗，中途遭遇了挫折，当时大家的士气非常低落。为了激励员工士气，领导特意组织了一场聚会活动。那时，他送给我们一句诗："长风破浪会有时，直挂云帆济沧海！"

如今，我们已成功冲破风浪，迎来风雨后的彩虹。公司这艘承载我们的"大船"总算是挂上云帆，即将在广阔的大海中远航。能够取得这样的阶段性胜利，离不开领导的英明决策，也离不开各位同仁日日夜夜的奋斗。在这里，我代表公司领导对大家道一声："辛苦了，谢谢大家！"

下面，有请董事长为我们讲话！

（董事长讲话）

感谢董事长的发言。昨日奋斗的汗水，浇灌出的是今日胜利的笑容。让我们携手今宵，继续为明朝的理想而奋斗。成功路上，让我们携手同行!

现在菜已经上齐,美食当前,我就不多说了。下面,请大家享用晚宴!

范文二

尊敬的各位领导、来宾,美丽的女士、英俊的先生们:

大家晚上好!

我是×××有限公司宣传部门的×××,非常荣幸能担任今晚×××公司三周年联谊晚会的主持人。

首先,我代表公司全体员工欢迎各位的到来,祝各位身体健康、万事如意,前途一片坦荡,"钱"途金光灿烂!

今天是一个喜庆的日子,也是一个特殊的日子。喜庆,因为这是公司举办的第三届联谊会,是公司上下齐聚一堂、共叙情谊、畅想美好未来的盛会;特殊,则是因为今天有几位非常特殊的嘉宾也来到了现场,和我们一起共享美好时光。他们分别是来自广东的代理商朋友×××、山东的代理商朋友×××、陕西的长期合作厂家代表×××,以及湖南省内××机构的新老客户朋友,欢迎你们!

在过去的一年,公司在领导的英明带领、各位新老朋友的支持以及全体员工的不懈努力下,创造了非凡的成就。在这一年,公司的多项业务取得了突破性进展,尤其是×××新型材料注塑项目的成功,堪称一项令人瞩目的成就。这是公司的荣耀,也是在座每一位的荣耀!

下面，让我们用热烈的掌声欢迎董事长×××上台致辞！

（董事长致辞）

感谢董事长对大家的祝福。汗水浇灌喜悦，艰辛铸就成功，努力耕耘才能迎来累累硕果，奋力拼搏终将攀上高峰！让我们继续努力，携手并进，相互支持，在友好的合作和不懈的奋斗中，迈向更美好的明天！

接下来，让我们有请厂家代表×××先生上台致辞，聊一聊这些年与公司合作的收获与感受。掌声有请！

（代表致辞）

听了×××先生的话，相信每个人心中都会有一些感触。公司成立至今，一直秉承诚实守信的原则，不断拼搏、奋斗，超越自我，用辛勤与汗水浇灌出今天的成绩，从一家无人问津的小公司成长为今天如此大规模的企业。

回首过去，我们热情洋溢；展望未来，我们斗志昂扬。

在接下来的20××，我们依然会不断前进，再创辉煌，也希望在未来的路上依旧有你们相随，展翅翱翔，一起飞向更高的天空！

话不多说，现在我宣布：×××公司三周年联谊晚宴正式开始，请大家享受美食、美酒，愿大家都能度过一个最美妙的夜晚！

最后，祝愿在场的每位朋友，身体健康，阖家幸福，生活美满，万事如意！

/PART 3/ 开幕式、闭幕式主持：贴合气氛，让人意犹未尽

开幕式、闭幕式是有主题的活动，不同的主题要求有不同的气氛，这一切都在主持人的掌控中。气氛与活动相贴合，自然有一加一大于二的效果——开幕式让人对活动充满期盼，闭幕式则让人意犹未尽、恋恋不舍。

◎ 营造符合活动的气氛

无论举办何种活动,开幕式都是重头戏。就像俗话说的,好的开始是成功的一半。同样,成功的开幕式,也意味着活动在举办之路上成功地走了一半。

开幕式成功与否,主要体现在几个方面,一是举办形式能否让人眼前一亮,二是举办流程是否做到井然有序,三是主持人的发言能否营造符合活动的气氛。

```
开幕式举办形式是否能让人眼前一亮
        ↓
开幕式举办流程是否做到井然有序
        ↓
主持人发言是否符合活动气氛
```

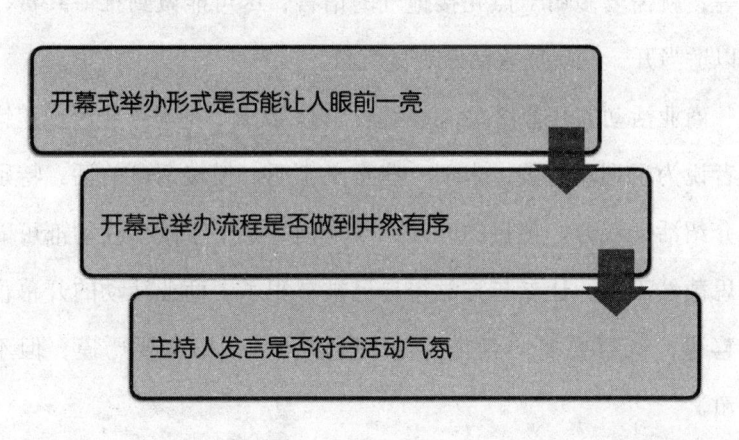

图 3-1 如何判断开幕式是否成功

不同的活动有不同的基调和气氛。如果主持人的发言符合活动氛围，就能提前将在场的所有人带入适当的情绪。如果主持人的发言不符合活动氛围，不仅活动效果较差，主持人的能力也会受到质疑。

运动会之类的活动，发言时要注重健康与活力。主持人要中气十足，情绪饱满热烈，这样才符合运动会的气氛。相比参赛项目，参赛选手才是重头戏。强调再多的其他东西，不如多花一点儿时间在介绍选手、美化选手上，毕竟选手是运动会的主体。健康、活力同样不是运动会本身的属性，而是参赛者的属性。在选手身上多花一点儿时间，更能体现运动会的主题，营造合适的氛围。

文艺活动，往往本身就是有主题的。不同的主题分类，要有不同氛围的主持词。例如，以音乐演奏、诗歌朗诵等高雅项目为主的文艺活动，发言时的用词要更加书面化，多用成语诗词，让我们的发言能与项目达成一致。如果表演项目是传统戏曲、流行音乐、歌舞等，就需要多用一点儿接地气的语言，尽可能做到雅俗共赏，还可以适当开一些玩笑来活跃现场气氛。

商业活动的开幕仪式，语言要严谨、认真，绝对不能出现差错，或者说为了词藻优美，出现一些意义不明、模棱两可的话。特别是在介绍活动双方、项目的时候，某个词、某个字做出改动都可能让意思截然不同，让参与方觉得自己被冒犯了。商业活动的开幕仪式是喜事，气氛要多一点儿喜气。所以，活动语言要严谨，但不能严肃。

商业活动中还有一种较为特殊的类型，就是展览会。展览会展览的自然是各种物品，但其开幕式的主角却不是这些东西。展览会的主角应该是参展方、赞助方以及组织展览的各方人员。没有他们，展览会就无法顺利召开。介绍他们在促成展览这件事情上做出的努力与奉献，才是展览会开幕式的重头戏。至于展览会要展览的物品，只需选择最好、最有特色、最能代表展览会的介绍几种即可。

开幕式上，主持人的发言一定要契合活动基调，这样才能营造出符合活动的气氛，用语言带动大众进入这种氛围，为活动的成功开一个好头。

◎ 开幕词、闭幕词，这个套路很管用

对于开幕词、闭幕词，很多人性子急并不喜欢。讲开幕词的时候，他们想要赶紧进入真正有用的环节；讲闭幕词的时候，又盼着能赶紧结束，毕竟要做的事情都做完了，赶紧散场才是正道。

不难看出，人们觉得开幕词、闭幕词是无关紧要的。显然，如果想要让人们喜欢你的开幕词、闭幕词，不将其当成可有可无的，那就要让开幕词、闭幕词言之有物。我们甚至可以将这种理念形成套路，不管什么类型的开幕式、闭幕式都可以使用。

开幕词，最主要的作用是为活动拉开序幕，宣告开始，但其同样要包含信息，如时间、地点、人物、事件。这时候可能有人不理解，明明是开幕仪式，不完全认识在场的人物可以理解，时间、地点、为什么来参会还能不清楚吗？

有些开幕仪式有着重大的意义，会以录像、文字等形式记录下来，这时候，时间、地点以及事件就是很重要的信息。将这些内容用语言进行美化，一步步地串起来，就能成为开幕词的主干部分。

另外，还要有对开幕仪式、活动圆满成功的祝福和祝愿。只要抓住事件的主要风格，让祝福内容紧贴事件本身，就能起到不错的效果。切记不要冗长，毕竟开幕仪式上还有许多要发言的重磅人物，要将时间留给他们。

闭幕词，简单来说就是对整个活动的总结——活动成功召开的同时，取得了怎样的成果，哪些方面比较突出，又对哪些人应该表示感谢。

我们要想做好闭幕词，只要按照下列流程就可以了。

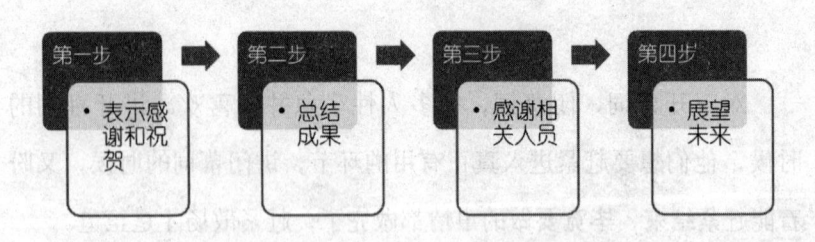

第一步	第二步	第三步	第四步
·表示感谢和祝贺	·总结成果	·感谢相关人员	·展望未来

图 3-2　闭幕式的经典"套路"

第一步，对相关人员表示感谢和祝贺。

第二步，总结这次活动取得的成果。

第三步，感谢与活动联系并不紧密，但给予支持的机构或人员。

第四步，展望未来，希望这次取得的成果能够持续地贯彻下去。

整个流程中，比较容易出问题的是第二步和第三步。

第二步，很容易出现虚吹的情况。不是每个活动真的能如人们祝愿的那样圆满成功，在某个方面没有达到预期目标，不尽如人意是很正常的事情。对于这些方面，应该尽可能地避免或者想办法美化，而不是早早写好闭幕词，然后无视真实情况硬着头皮往下讲。

第三步则很容易被忽略。任何一个大型活动，背后都离不开各方面的支持。比如，地方政府、相关机构尽管在活动中露面不多，但没有他们的支持，活动未必能够进行。因此，一定要牢记那些没有实际参与活动，但对活动给予帮助的个人或者机构。

◎ 运动会开幕主持范文：简短有力，朝气蓬勃

讲话技巧

运动会是各大企业、机关单位、学校都会举办的活动。根据不同的规模，运动会的参与人数也有较大的差异。这不仅决定了运动会的规模、时长，也决定了开幕主持文的讲法。总的来说，要抓住简短有力、朝气蓬勃两个关键点。

简短有力，指的不仅是内容要有力，主持人的声音也要有力。运动会是展现力与美的协调，展现人们在美好生活中对健康的追求。如果主持人的声音缺少精神，运动会的氛围就会差些意思。

朝气蓬勃，象征举办运动会的组织和参与运动会的选手都是有

活力的、有朝气的。活力与朝气并不专属于年轻人，只要身体健康、思想进步，任何人都可以是有活力的、有朝气的。在开幕式上宣讲主持文，不要因为参加运动会的人不年轻就改变这一想法，而减少一些词语的使用。

另外，大型运动会和小型运动会应有不同的表现方式。

大型运动会，参与者较多，介绍时要以组织为单位，如某某部门、某某班级，这是比较合适的。小型运动会，人与人之间的关系更加密切，参与者与观赛者相对比较熟悉，介绍的时候不妨在组织后面加上对个人的介绍。这样会有亲切感，也能达到在彼此竞争中建立团队感情的目的。

范文一

尊敬的各位领导，亲爱的同事、朋友们以及各位来宾：

大家上午好！

请大家抓紧时间入场，尽快保持安静。请各部门负责人尽快组织员工及其家属就座，各方队和运动员尽快就位。我们×××有限公司首届员工运动会马上就要开始了。

秋高气爽彩旗飘，运动场上皆英豪，千呼万唤齐加油，不畏辛苦志向高！看，入场处那一个个整齐的方队，一位位神采飞扬的运动健儿，他们已经跃跃欲试，准备到运动场上大展拳脚！那么，话不多说，让我们马上开始今天的开幕式！

各位领导、同僚，各位来宾、朋友，欢迎来到×××体育场，

/PART 3/ 开幕式、闭幕式主持：贴合气氛，让人意犹未尽

参加×××有限公司第一届员工运动会。在这里，首先要感谢集团公司领导对我们的关心和支持，也要感谢在座的各位朋友能在百忙之中莅临此次运动会，谢谢大家！

现在，我宣布，×××有限公司第一届员工运动会正式开始，请各代表队和运动员入场！

首先向我们走来的是生产部门代表队，他们的领队×××是公司生产部最负盛名的技术顾问。此时，他们正迈着步伐向我们走来，整齐划一的坚定步伐，就如他们在工作上的表现，稳扎稳打，坚持不懈，不畏惧一切艰难和挑战——"勇往直前"，正是他们高喊的口号。

现在向我们走来的是营销部门代表队，他们的领队是公司营销部的美女领导×××。这是一个由许多年轻人组成的部门，他们高喊着嘹亮的口号，肆无忌惮地展现青春的风采，沸腾的血液与青春的热情是他们勇敢无畏的底气，也是他们书写梦想的水墨。他们的口号是："激情无限，营销不止！"

在这群朝气蓬勃的年轻人之后，向我们走来的是行政部门代表队，他们的领队是集团副总×××。他们精神饱满，器宇轩昂，迈着铿锵有力的步伐大步向前。他们的宗旨是"友谊第一，比赛第二"，力求把"团结"与"拼搏"两手抓。

....

各方队现在已经入场完毕，让我们有请×××领导致辞。大家掌声欢迎！

（领导致辞）

下面，请运动员代表出列，代表全体运动员向大会宣誓！

◇ 061 ◇

（代表宣誓）

请裁判员代表出列，代表全体裁判向大会宣誓！

（裁判员代表宣誓）

让我们用热烈的掌声，再次预祝本届运动会圆满成功！

我们的开幕式到这里就全部结束了，请各方队依次退场。

今天上午的比赛安排如下：

……………

请各参赛队员和裁判以及相关工作人员尽快赶往比赛场地，谢谢大家！

范文二

各位尊敬的校领导、老师，亲爱的同学们：

大家上午好！

伴随初升的朝阳，沐浴在这团结、奋进的氛围中，我们怀着激动的心情，终于迎来××市××中学第十六届体育艺术节。首先，我谨代表××中学全体师生向组织和筹备此次运动会的相关人员表示衷心的感谢，谢谢你们的努力和付出，也希望这次体育艺术节能够圆满举行！

"生命在于运动"——这是18世纪法国著名哲学家伏尔泰提出的著名论断，也是经过漫长时间和无数实践检验的真理。作为学生，学习是我们最重要的任务，而要完成这项任务，离不开强健的体魄和健康的身躯。运动会无疑正是对我们身体素质的一种检阅，也是对我们意志力的一种锻炼。

生命不息，运动不止，让我们一起携手，在赛场上尽情地挥洒青春与汗水吧！我们即将迎来的，必然是一场团结、友爱、激情、拼搏的盛会！

下面，我宣布：××中学第十六届体育艺术节正式开幕！各班代表队依次进场。

（主持人宣读各班级的口号）

全体起立，升国旗、奏国歌。

（升国旗、奏国歌）

让我们掌声有请×校长致开幕辞。

（校长致辞）

有请此次运动会总裁判长、教导主任×老师为大家宣读大会纪律。

（教导主任×老师宣读大会纪律）

有请裁判员×老师代表全体裁判宣誓。

（裁判宣誓）

有请运动员×××同学代表全体运动员宣誓。

（运动员宣誓）

此次开幕式到这里就圆满结束了，请各班代表队依次退场。运动员请按照比赛进程前往比赛场地，谢谢。

◎ 开工、竣工主持范文：简要开场，做好气氛调动

讲话技巧

开工、竣工非常需要仪式感。开工象征着一项大家都要参与进来的大工程即将开始，竣工意味着这项工程已经结束，到了验收成果的时候。一个仪式，象征着开始；另一个仪式，象征着结束。显而易见，需要我们介绍的施工过程内容不多，仪式是现场最重要的表现。

既然如此，开场时需要尽量简单，迅速将在场听众带入活动氛围。那么，现场需要怎样的氛围呢？开工和竣工都有各自的要求。

开工仪式主持，气氛要严肃认真。万事开头难，为了有个好的开头，必须在最开始的时候就为这件事情定下基调。开工不是小事情，任何工程都需要认真对待才能保证施工安全、准时完工。放松诙谐的主持氛围，显然不适合开工仪式。

竣工仪式主持，气氛要轻松喜悦。一场工程从开始到竣工，参与者付出的努力很难用数字来量化。整个过程，每个人都认真对待，绷紧神经做好自己的事情，种种艰难困苦都会在工程竣工的瞬间宣告结束。

结束耕耘，迎来的就是收获，自然应该欢天喜地地迎接。

范文一

各位尊敬的领导、尊贵的来宾：

大家好！

感谢大家在百忙之中抽出时间参加此次庆典，与我们共同见证××工程的开工。我谨代表××集团，对前来参加此次庆典的每位来宾致以最诚挚的谢意！

作为该工程的施工方，能够在此次公开、公正的招标活动中竞标成功，我们深感荣幸，同时也要感谢领导的支持与信任。该工程是我们集团本年度最重要的项目之一，集团上下给予了百分之二百的重视。

为了更好地完成这项工程，我们已组建一支优秀强干的项目团队，配备了最高端的机器设备，务求以饱满的热情、科学的调配以及先进的技术，积极完成该项工程建设。

同时，我们也坚信，在领导的支持与信任下，在社会各界同仁的关心与帮助下，在全体员工的团结和努力下，我们定能在保证安全和质量的前提下，将这项工程完成得尽善尽美，让其成为一项值得所有人骄傲的精品工程、模范工程。

最后，再次感谢各位领导、来宾前来参加此次工程的开工庆典，祝愿各位工作顺利、身体健康、心想事成、步步高升！

范文二

尊敬的各位领导、各位来宾：

大家下午好！

欢迎大家来到这里参加××小区的开工庆典仪式。我谨代表××房地产公司，对一直以来都在支持和关心这一项目的各级领导以及各界朋友表示衷心的感谢，谢谢大家的支持与信任！

××小区是我们公司近年来最特殊也最重要的一个项目，从立项开始就受到社会各界的关注。该项目总投资超过8000万元，总建筑面积达到8万多平方米，小区共拥有800多套住宅。按照计划，该项目将分三期来开发，首期工程将于明年4月前完工。

××小区的设计理念十分超前，更重视人与自然的和谐，力求为所有住户打造绿色、自然的园林式住宅。这个××小区不仅只是房地产的一个项目，也是一种新理念的实践和生活方式的展示。作为项目的直接开发者，我们非常荣幸也深刻感受到责任的重大。

为了圆满完成这一项目，我司从一开始就投入了巨大的人力、物力，特别聘请多名享誉海内外的建筑设计专家作为顾问，全程参与项目的开发与建设。在项目管理方面，我们特别邀请××××建筑企业与其合作，以确保工程进度和质量都达标。

在这里，我谨代表××房地产公司及其协作单位，向公众承诺：我们一定会保质保量地完成这一项目，给大家交出一份令人满意的答卷。

今天的开工典礼，是××小区项目迈出的第一步，我们定会牢记今天的承诺和肩负的使命，积极进取，努力奋斗，为××小区的业主打造美好的居住环境，进一步推进×市的绿色居住标杆。

最后，再次感谢前来参加此次庆典的诸位，谢谢大家！

范文三

尊敬的各位宗亲、亲爱的各位朋友以及现场的父老乡亲们：

大家上午好！

今天是新年的第一天，是辞旧迎新的大好日子。在这里，我先给大家拜个年，祝各位新年新气象，想什么都能实现，盼什么都能成真。在这祥瑞喜庆的日子，我们将隆重举行××村的宗祠竣工典礼。

秋天已随黄叶而去，冬天伴着初雪而来。此时此刻，天气虽然是寒冷的，但我们的心是热乎的，因为就在今天，我们为列祖列宗修建的家已经正式落成，我们这些子子孙孙也有了精神的家园！

现在，我宣布，××宗祠竣工典礼正式开始！奏乐，鸣礼炮。

首先，请允许我向各位隆重介绍前来参加典礼的重要来宾，大家掌声欢迎。他们分别是：××县的代表×××、××地的代表×××、××区的代表×××……

各位贵宾请入座，让我们再次以热烈的掌声欢迎他们的到来！

下面，有请×××作为代表为"××宗祠"揭匾。

（揭匾仪式）

接下来，让我们欢迎××氏族长××作为代表致辞。

（族长致辞）

感谢族长的致辞，也要感谢各位为支持修建宗祠付出的努力与汗水，大家辛苦了！

接下来，将要举行宗祠落成后的首祭仪式。请全体人员按顺序进入宗祠，祭奠列祖列宗。

（首祭仪式）

我们的宗祠竣工仪式到这里就圆满结束了。再次感谢各位嘉宾的莅临以及父老乡亲们的支持和配合，谢谢大家！

◎ 企业活动开幕主持范文：紧紧围绕活动主题

讲话技巧

企业活动开幕仪式与其他类别的活动不大相同。大多数其他类别的活动举行时，重点展示的在于活动本身。企业活动则不同，它不仅是为了活动，也是为了宣传企业。

不少企业活动的开幕式，将重心放在企业上而没有放在活动上，这样就显得活动很不专业，目的性很强，让参与者提不起劲来。因此，做企业活动开幕仪式主持时，要记住以下技巧。

技巧一：企业宣传固然重要，但一切必须围绕活动主题进行。企业进行活动时怀有各种目的，宣传企业必然是其中之一。但要记住，在开幕仪式的主持上，企业宣传不该过于突出，最重要的应该是活动本身。

很多电视节目的背后都有一个或多个赞助商。但不管哪个节目，都不能将企业放在活动之上。最好的处理方式，是明确地将企业与活动分离，在某一部分专门宣传企业，在其余地方专注活动。

技巧二：介绍企业的时候，可以淡化其他身份，突出活动主办方的身份。宣传企业的时候，免不了谈到企业的主营项目、在行业中的地位、取得了怎样的成绩。这样的宣传，在企业活动开幕仪式上并不是很合适。想要宣传企业，不如突出其活动主办方的身份，至于是做什么的只需简单说明即可。

介绍参加活动的人员时，也可突出其在活动中的身份，简单介绍他在企业中的身份，这样既能起到宣传的作用，又不会引起他人的反感，与活动主题联系更加紧密。

范文一

女士们、先生们：

大家上午好！

欢迎各位来到××家居城，参加××装饰公司首届家居文化节开幕式！

首先，我代表××装饰公司全体员工，向前来参加开幕式典礼的朋友们致以诚挚的谢意，希望大家能在此次家居文化节中买到自己心仪的物品，让生活变得更加美好。因为你们的光临，今天成为一个最特别也最美丽的时刻！谢谢你们！

接下来，有请××装饰公司董事长×××为我们的开幕式致辞！

（董事长致辞）

感谢董事长的致辞。生活是一种态度，小到一针一线，大到一桌一椅，都能在平凡的日子里带给我们无限的惊喜。今天，我们的家居文化节就是为了带给大家更多的惊喜和更美好的生活态度！

为了感谢诸位的支持和信任，此次家居文化节上，公司为大家准备了许多丰厚的礼品和优惠的折扣，还有海量新品等你来拿！

废话不多说，我们先送上一大份福利，将从现场抽出一名幸运观众，送上价值588元的一组××牌家纺床上四件套。现在，请大家拿出手机打开微信，扫一扫大屏幕上的二维码，就可以参与抽奖了。

现在距离我们的抽奖时间还有三分钟，没有扫描二维码的朋友抓紧时间了……

现在，让我们一起倒数五秒，看看幸运观众到底会是谁呢？

5——4——3——2——1！

（抽奖）

我们的幸运观众产生了，他的手机尾号是4306，恭喜您获得了一组价值588元的××牌家纺床上四件套！没有中奖的观众也不用灰心，今天的活动有很多，还会不定时送出大奖，同时也有许多商品优惠，绝对是全年最低价！

现在，让我们再次以热烈的掌声，祝贺××装饰公司首届家居文化节正式开幕，也祝愿在场的每一位尊贵的顾客都能买到自己心仪的商品，带走我们的大奖！

范文二

尊敬的各位领导，亲爱的各位同僚、各位来宾：

大家上午好！

欢迎来到××大厦，参加××传媒有限公司的首届企业文化节开幕式。

今天，××公司的领导、全体员工都在这里齐聚一堂，就是为了庆祝共同的盛事——××传媒有限公司的首届企业文化节！

企业文化，是一家企业运营发展的精神内核，也是引导员工奋斗前行的灯塔。"积极、进取、和谐、健康"——是本届企业文化节的主题，也是××传媒有限公司一直奉行的准则。

面对生活，我们的态度是积极的；面对工作，我们永远进取、不退缩；与人相处，我们奉行和谐、团结的原则；对待自己，我们讲究科学、健康！我们的企业是进取、发展的企业，也是积极、健康的企业，无论是企业发展还是员工身心健康，都是我们最关注也最重视的问题。

××传媒有限公司成立至今，已经走过15年的风风雨雨。在这漫漫征程中，因为有了老员工和新人的无私奉献，才造就出公司今天的辉煌。时光荏苒，岁月如梭，15年来，我们始终不忘初心，向着正确的方向坚定前行。让我们把最热烈、最真挚的掌声，献给所有为××传媒有限公司立下汗马功劳的同仁们！谢谢大家！

最后，预祝××传媒有限公司首届企业文化节取得圆满成功！

◎ 活动闭幕式主持范文：首尾呼应，切合实际

讲话技巧

闭幕式是对一场活动的总结，是对参与活动者的美好祝愿，也是再次重申活动目的与宗旨的时机。闭幕式上，抓住首尾呼应、切合实际两个特点，就能达到目标。

首尾呼应，是把活动宗旨、活动目标、活动内容这些在开幕式上已经说过的事情重申一遍。但闭幕式是在活动结束后，所以要在重申的基础上增加总结——我们的目标有没有达到，活动内容有哪些进行了、哪些没有，活动宗旨是否合适，还有哪些需要改进的地方。

切合实际，是指不要过度夸大活动成果，不要硬着头皮粉饰太平。总结前，只要不出现较大的变故、事故，都可以认为此次活动是成功的。做得好的地方就多说一点，做得不好的就少谈一些，切忌夸大其词。当活动不甚顺利时，适当掩饰能够赢得举办方的感激，

夸大其词则可能让主办方认为你在阴阳怪气、出言讥讽。

范文一

尊敬的领导、亲爱的同事以及各位裁判员、运动员：

大家下午好！

经过一周紧张而激烈的角逐，××公司20××年春季篮球联赛终于圆满结束！

首先，要祝贺所有参加比赛的运动员，不论你们所在的球队是否取得了胜利，你们都已经完成对自我的挑战，为所有观众奉上精彩的赛事，每个人都是胜利者，祝贺你们！

其次，感谢所有的裁判员和工作人员，是你们的支持和参与让这场赛事得以圆满进行。谢谢你们，你们辛苦了！

最后，感谢我们的主办方以及所有坐在观众席上的诸位，因为有你们的支持与参与，这届篮球联赛才能举办得如此成功。所以，请允许我代表全体参赛人员，对诸位致以诚挚的谢意！

此次篮球联赛，是我们公司与××集团、××单位首次联合举办的一场赛事。在此次大赛中，运动健儿充分发扬了"更高、更快、更强"的体育精神，不畏辛苦，团结协作，在赛场上顽强拼搏，在赛场下友谊第一，充分展现出高素质、高品格的精神风貌。

今后，希望大家在工作中也能如同在赛场上一样，继续发扬不畏艰险、勇于拼搏的精神，严守底线，敢拼敢闯，在竞争中奋发图强，向着胜利的目标不断前进。

场景致辞与即兴发言

无论在职场还是球场上,想要获得胜利都得学会团结协作,敢于竞争。篮球运动是团队力量的比拼,不仅讲求技巧,更是团队合作精神的体现。工作同样是如此,在企业中,每个员工都是重要的组成部分。一家企业想要快速发展,只靠个人的力量是远远不够的,只有大家相互配合,团结协作,充分发挥团队力量,才能推动企业向前发展。

最后,再次感谢各位的莅临,××公司20××年首届春季篮球联赛到这里就圆满落幕了。让我们举起双手,用热烈的掌声祝贺明天更美好!

谢谢大家!

范文二

尊敬的各位领导、老师,亲爱的同学们:

大家下午好!

在过去的一个月,我们沉浸在醉人的艺术气息中,度过了一段令人印象深刻、色彩缤纷的日子。今天,一个月的美好时光将要画下圆满的句号,××校园文化艺术节即将落下帷幕。在此,请允许我代表学校,向各位参与此届文化艺术节的相关人员道一声感谢,谢谢大家的辛苦和付出,谢谢为此届艺术节提供优秀作品的老师和同学,谢谢你们!

此届艺术节中,涌现出许多表现优异、多才多艺的老师和同学,令人不禁感叹:我们学校真的是卧虎藏龙啊!

艺术能够给人以美和享受，陶冶人的身心，哪怕对艺术完全不了解的人，也能从各种艺术作品中感受到美的存在。可以说，艺术能够打破时空和文化的壁垒，让暗淡的生活变得多彩而美好。

下面，有请副校长××宣读此届文化艺术节获奖作品的名单。

（副校长宣读名单）

让我们以热烈的掌声欢迎获奖的选手们上台，有请××主任、××年级组长为获奖选手颁发奖品和奖状。

（颁发奖品、奖状）

本届文化艺术节到这里就全部结束了。虽然此届文化艺术节的时间持续得并不长，但艺术的空间却是无限的。让我们再次举起双手，用热烈的掌声为该届文化艺术节画下完美的句号。

现在，我正式宣布：本届校园文化艺术节闭幕式圆满结束，谢谢大家！请各班级同生按顺序安静退场。

◎ 展览会开幕主持范文：引出话题，自然亲切

讲话技巧

展览会，往往是一篇已经有了命题的文章。展览会开幕仪式上，既要讲清楚各方面对展览会的支持，又要让人们感受到这场展览会

值得一看。缺少任何一方面，展览会的开幕式都不算成功。前者代表了展览会的过去，没有他们的鼎力相助，展览会不可能有开幕仪式的机会；后者代表了展览会将要取得的成果，缺少后者的捧场，展览会不过是个噱头，远远谈不上成功。

让前者满意很简单，但同时让后者也能按照我们的期望，愿意参加展览会就不那么容易了。想要让他们自愿参加展览会，需要掌握以下几个讲话技巧。

技巧一：拉高展品档次，拉低入场台阶。不是所有人都能大大方方踏入一个自己不熟悉的环境，更别说这个环境可能是档次高、规矩多的地方。这时候，要给他们一个去看的理由，如展品档次很高、机会难得、不得不看。同时，要减少他们的担心，让他们觉得展览会每个人都能看、都能欣赏，看了都能有所收获。这样他们才能没有担忧，大大方方地去看展览。

技巧二：态度、语言要贴近生活。展览的物品可能有很强的专业性，在生活中非常罕见，具有一定的文化知识才能了解。介绍展品的时候，要尽可能地使用人人都能听懂、口语化的语言去介绍。如果为了体现专业性，使用大量的专业名词而让人听不明白，想要去看展览的人就会大大减少。

范文一

各位领导、来宾，女士们、先生们：

大家上午好！

/PART 3/ 开幕式、闭幕式主持：贴合气氛，让人意犹未尽

由×××有限公司主办、××协会与×××有限公司上海分公司承办的"××国际展览会"现在正式开始！

首先，我谨代表×××有限公司，对前来参展的所有厂商以及来宾表示热烈的欢迎。欢迎你们的到来！

众所周知，上海是中国最重要的工业基地之一，也是经济贸易与信息科技的中心。作为全国对外开放的重要窗口，上海已经被列为中国未来十年发展的重点地区。这意味着，在未来至少十年内，上海的投资环境将会得到巨大改善，并扩大与其他地区的合作领域。

本届展览会正是切入了这样一个非常好的契机。各位将看到各类具有国际水准的××产品以及生产设备，寻找到更合适的贸易投资机会，以及优秀的合作对象。上海市的××商会，也将为各位提供优质的服务与保障。

最后，提前预祝"××国际展览会"能够取得圆满成功，也预祝各位厂商都能得偿所愿，找到最优的合作伙伴！

谢谢大家！

范文二

尊敬的来宾，女士们、先生们：

大家早上好！我是来自××银行××部门的×××，非常荣幸能够担任此次××银行×××分行20××年贵金属展销会的主持人！

首先，请允许我代表××银行×××分行对前来参展的各位来宾表示诚挚的欢迎。感谢诸位一直以来对我们银行的支持与信任，也非常感谢各位能在百忙之中抽出时间前来参加今天的开幕式，谢谢大家！

下面，让我们有请××银行×××分行行长致开幕辞！掌声有请！

（行长致辞）

众所周知，贵金属钱币产品与普通纸币相比，最大的区别在于它本身具有保值价值。相对市面上的普通流通币，贵金属纪念币的发行量非常少，很多品种的金银币如今在市面上早已一币难求，贵金属钱币也成为许多人收藏和投资的首选产品。

今天，我们诚挚邀请到著名讲师×××先生，为诸位讲解贵金属钱币的前世今生，帮助大家对贵金属钱币有更全面的了解。掌声有请！

（贵金属钱币知识讲解）

听完×××老师的精彩讲解，相信大家对贵金属钱币已有了更进一步的认识。接下来，就让我们一起进入品鉴环节，各位来宾可以根据指示牌前往贵金属钱币展示区对展品进行鉴赏。

为了感谢各位的莅临，但凡参加本次活动的贵宾，活动结束后都可在接待处领取一枚"××流通币"以及一张抽奖券。在活动期间，我们将不定时送出大奖！

最后，祝愿各位都能有所收获，满载而归！

/PART 4/ 欢迎、欢送仪式：赢在细节，以情动人

> 欢迎、欢送仪式都是加深双方情感的好机会，因为这最能体现人与人之间关心的，自然是无微不至的关爱。如果能在每个细微之处体现出关爱，就能显得感情深厚、情真意切。

◎ 层层递进，让你的喜悦更有力量

精彩的讲话不应是平铺直叙、平铺平列的，而应该做到层层递进、一波三折，如此才能一步步传递情感，或喜悦，或悲伤，或愤怒。其实，演讲和其他当众讲话是否成功，由讲话者能否调动观众的情绪和情感所决定。

情绪和情感的调动是逐步的，不可能一蹴而就。因此，我们表达观点或抒发情感时必须层层递进，条理清晰、有条不紊地将观点和情感传递给对方，这样才能丝丝入扣引起对方的共鸣，或起到鼓舞的作用。

欢送和欢迎仪式上的讲话，关键在于气氛的营造和情感的渲染，最后把活动推向高潮。想要实现这个目的，讲话时就应力求条理清晰、层层递进，一个问题比一个问题深入，一个事件比一个事件能引起观众内心的情感。比如，开学季欢迎新生，可以很好地运用这一思路：先表示欢迎，再提出要求，最后表示祝福和期许；欢送领导或员工的活动上，先谈离别之情，再谈领导或员工的业绩，接着表达不舍之情，最后表达祝福。

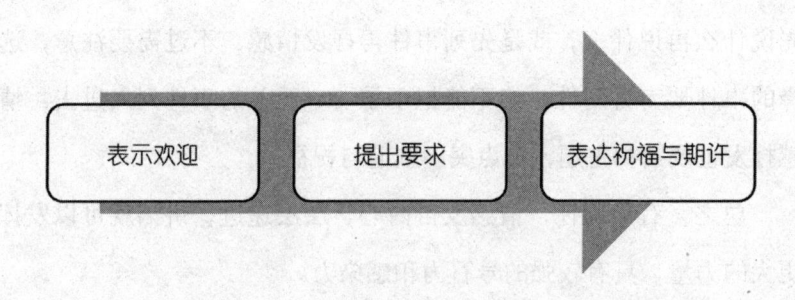

/PART 4/ 欢迎、欢送仪式：赢在细节，以情动人

表示欢迎 → 提出要求 → 表达祝福与期许

图 4-1-1　新生欢迎仪式的一般流程

谈离别之情 → 夸好处、成绩 → 叙不舍之情 → 表达祝福

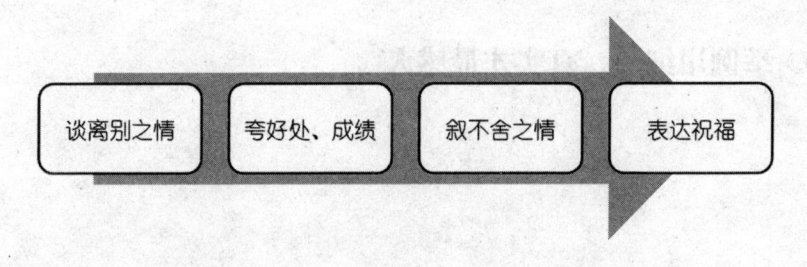

图 4-1-2　公司欢送仪式的一般流程

欢迎和欢送仪式上，通常是在最后时刻把气氛和情感推向高潮。如果一开始就情绪激昂，始终处于亢奋、煽情的状态，观众很容易精神疲惫。因为没有人能保持长时间的兴奋或感动，当这个兴奋点或感动点过了，不管主持者费了多少力气，恐怕很难达到预期效果。同样的道理，如果讲话没有逻辑和条理，情感表达也毫无层次，说得越多，观众就越感觉云里雾里不知重点，更别提被感染和吸引了。

因此，欢迎和欢送仪式上没有必要口若悬河，但必须有条理、有逻辑，实现情感的层层递进。如果你缺少当众讲话的经验或是不知如何表达，可以用简单的方法来进行，即列出一、二、三，明确先说什么再说什么，或是先列事件再抒发情感。不过需要注意，选择的事件要有针对性，绝不能把不重要、无关的事件列入进去。情感抒发也要紧扣主题，重点突出欢迎与祝福。

总之，有条理性，情感发自内心，层层递进，讲话就可以发挥更大的力量，具有较强的号召力和感染力。

◎ 举例用细节，真实才最感人

想要使得讲话充满感染力，必须做到言之有物，结合仪式或活动主题收集事例内容。因为从观众的角度来说，丰富的话题和事例容易诱发联想，唤起共鸣，讲话效果更为理想。

当然，有了话题和举例，并不等于讲话一定成功。我们还要将内容和细节恰如其分地展现出来，这才是成功的关键。做到这一点，细节是必需的，情感要融入细节，事例才更鲜活和真实，能让观众激发内心深处的情感共鸣。

欢迎仪式上，我们要讲老成员的出色业绩、新成员的优秀表现；在领导卸任、老员工欢送活动上，要讲领导的指挥有方、业绩突出、富有亲和力，老员工的认真负责、兢兢业业。这些精神、品质、成绩不是靠简单的赞扬、夸张的话语就可以轻松表现出来的，而是体现在一件件具体、点滴的小事上。

所以，我们没有必要讲太大的事件，也没有必要使用华丽的语言，这只会让事例显得华而不实、"假大空"。可以运用一些数据或是引用主角的话，或是描写主角的肢体语言、神情变化、情绪反应、反差对比，如此讲话中的感情分量会增加很多。还可以对事件进行场景重现，做到表达具体化、描述细节化，促使听众进入生动有趣的情节和画面。有了具体化的情节，听众很容易进入画面，讲话就更容易达到最佳效果。

事例想要吸引人，激发人的情感，还应有爆点，或是矛盾，或是泪点，或是悬念。这些爆点不仅强化了事例的细节，更为它注入了灵魂，让听众能聚精会神地去听，并被主角的精神或品质触动和影响。

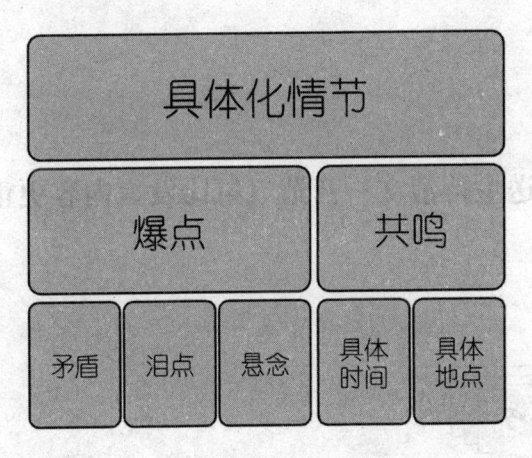

图 4-2 一个吸引人的事例要具备哪些要素

讲话的目的是让所有听众都认同我们的思想，达成共识，所以，事例应是观众熟悉、能引发共鸣的。如果讲员工有歧义、不熟悉的事例来体现领导的领导力或亲和力，不仅无法让听众产生情感共鸣，还可能引起领导和部分观众的尴尬，这场讲话就是失败的。

讲事例时尽量避免用解释性词语，如"因为……所以……"这样听众的思维容易混乱，不知道我们的表达重点。可以直接描述情节，如"××领导平易近人，跟同事说话时态度谦和，不爱摆领导的架子……"

一般讲事例时要有具体的时间和地点，不能出现"差不多在××时候""大致在××地点"。表述精确，才显得真实，才能让听众厘清思路产生真情实感。

虽然这只是讲话中很小的一部分，却是最需要花心思准备的。事例若是精彩、真实，具有代表性，就可以为之后的情感升华起到助推作用。

◎ 毕业欢送主持范文：营造气氛比发言内容更重要

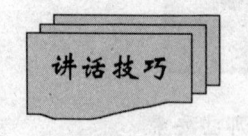

讲话技巧

你是否有过这样的经历，当饱含情感、条条是道地试图说服他人时，他人却毫无反应，甚至连情绪都没有一丝变化，这是什么原因呢？难道是你的口才不好，还是你的道理不足以让人信服，抑或是你的情感不够激烈?

其实都不是。归根究底，是因为你没有营造出足够的气氛，没能找到调动对方情绪的关键点。一场主持，如果不能通过营造气氛引起对方的共鸣，不能让对方顺着你的节奏走，这无疑是失败的。

那么，如何营造现场气氛呢?

首先，不妨用动之以情的方式开场。想要打动听众，就要抓住他们的情绪，所以用饱含深情的话语开场，尽可能地关联到具体活动的情感。

其次，利用有趣的热门内容开场。就像一位物理学家在某大学演讲时，以这样的话语开场:"同学们，我相信你们一定都看了《2012》这部电影。说实话，我也看过，并且被那种大场面所折服，真没想到电影可以如此给力! 当然，在这部电影里，我还发现了一个奇妙的镜头……"就这样，他引出准备好的物理话题，课堂气氛一下子就营造出来了。

范文一

同学们:

大家好!

如果四年前的邂逅仅仅是一次命定之外的偶然，火红的仲夏注定成为我们收获的季节，也注定了我们的离别。当我们满怀累累硕果，告别母校，也意味着要告别那些充满欢笑、泪水的日日夜夜，背起行囊踏上新的漫漫征程。

但是，岁月的流逝挥不去执着的梦，时光的飞驰也带不走永恒的心，让我们为即将远行的××级毕业生送上最真挚、最深厚的祝福。在此，请允许我代表学生会全体成员，对在百忙之中抽出时间与我们交流经验的学长、学姐表示衷心的感谢！同时，也借此机会让即将走出校园的学长、学姐再次感受协会大家庭的温暖，并留下对大学生活的美好回忆！下面，"××届毕业生欢送会"正式开始。

第一项，由协会会长××发言。

……………

第二项，由××届毕业生送上最诚挚的祝福，分享他们的成长经历。同时，提供平台表达他们对母校及老师、同学的感想和建议。

……………

第三项，向学长、学姐提问，咨询出国、考研或者就业等方面的问题，也可问一些大家想知道的问题。

……………

相聚是缘，不舍是情。你们就要离开这生活了四年的校园，离开一直关心自己的老师和学弟、学妹们，为表达我们对学长、学姐的祝福，也特地准备了礼物送给你们，希望你们带着我们的祝福乘风破浪，迎向充满光彩的未来。

让我们一起合唱，用歌声再次表达我们的祝福。

……………

歌声响起，往事历历在目，天下没有不散的筵席，让我们虔诚祷告，祝福彼此。歌声逝去，前程始于足下，期待下次瑰丽的相逢。

会当击水三千里，自信人生五百年。亲爱的朋友们，欢送会到此结束，祝所有毕业生一路顺风，鹏程万里！

范文二

男：尊敬的各位嘉宾、亲爱的女士以及现场的各位朋友们：

男女：大家好！

女：欢迎来到××学院。

男：我是××。

女：我是××。

男：这一期的庆祝活动，我们邀请的嘉宾是伟大的××班全体成员，和同样伟大的电自××班的同学们。

女：以及××学院敬爱的××级年级主任××老师和可爱的年级部长××同学。

男：回首往昔，在2019年第一场雪来临之际，电自××班诞生了！那是一个平凡的日子，却也是一个特殊的日子。瑞雪兆丰年，诞生于这一时刻的电自××班就如这象征着希望与丰收的瑞雪一般，必将创造自己的辉煌。

女：他们同时肩负起除暴安良、维护世界和平、建设祖国美好明天的神圣使命。

男：今天，我们欢聚于此，为了庆祝这个伟大集体的诞生周年，也为了我们美好的明天。

女：今天我们的主题是："高调奋斗人生，低调拯救世界。"

男：今天我们的原则是："坚持以快乐主义思想为中心，以吃窝头、啃咸菜，死了都要谈恋爱为动力，以不逃课、不挂科还要拿奖学金为基本点。"

女：下面，用一首我们非常熟悉的歌曲开始本次活动。

……

◎ 答谢仪式主持范文：感谢也要紧扣主题

讲话技巧

有位教授在课堂上总结过那些演讲失败的原因，发现很大部分都是因为演讲范围不够明确。在同一篇演讲想要表达太多的观点和内容，结果却是"眉毛胡子一把抓"，让听众一头雾水、不明所以。毕竟人们的注意力不可能一直集中，如果你的演讲像是流水账，涵盖范围太大或是跳跃性太强，听众很难一直跟随你的思路。

我们在场景主持时一定要想办法避免"流水账"似的语言，说好话、表扬人也需要技巧。就好像煲汤一样，哪怕材料放得一样，营养价值没有差别，但火候和分寸却直接决定汤的味道。火候分寸掌握得当，赞美才能打动人心，让对方意识到你对他发自内心的欣赏和崇拜；若是不小心过了火、过了分寸，赞美也就成为功利性的恭维和谄媚，反而只会让人觉得虚伪和讽刺，引起别人的反感。

总而言之，凡事都讲求"适度"，在适度的范围内紧扣主题才能写出贴近生活的文字。

范文一

尊敬的××先生、亲爱的来宾们：

全校师生对××先生表示真诚的感谢！

××小学主要由各方企业捐资建设，在20多年的办学过程中，离不开社会各界的支持。这次，××基金会董事长、××有限公司捐款30万元，让全校师生真切感受到社会的爱心！

这次××公司捐赠的30万元，学校将用于购置科学实验室装备，完善学校的硬件设施，让寻常百姓家的孩子有机会在科学的殿堂里自由翱翔，感受科学的奥秘，培养兴趣并创新实验，为成就理想打下良好的基础。

如果这一设想能够实现，我想，这里许许多多的孩子，未来定会像各位一样成为优秀的企业家、科学家，拿起爱心的接力棒回报学校、回报社会。

我相信，××先生及各位的爱心，一定会造就更多的优秀人才。再次感谢××先生及考察团的各位嘉宾和领导。

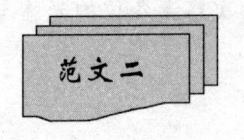

范文二

尊敬的各位领导、来宾、同行的朋友们，亲爱的女士、先生们：

上午好！

今日是××公司的10周年庆典大会，我谨代表公司衷心感谢各位的光临与捧场，谨代表××公司全体员工向今日莅临现场的各位领导、来宾表示热烈的欢迎！

前两年，××行业遇冷，市场需求急剧下降，企业经营面临严重挑战。应对此情此景，我们没有退缩，更无胆怯，而是选择应对现实，迎难而上，毅然选择增加投资，建造新的厂房和园区，将××公司打造成深具实力的综合性大型企业。

我们取得的这些成果，和在座各位朋友的支持是分不开的。首先，我要感谢几位师父的谆谆教诲，是他们传授给我一技之长和管理企业的经验，让我有了在行业内打拼的本领以及今日管理企业的本事。其次，我要感谢妻子以及所有的家人，是你们真情的关爱与支持，让我更有信心应对一切困难。

我还要特别感谢××行业的竞争对手。竞争对手不可怕，怕的是不参与竞争。正如田径运动场上，前面有领跑者，后面有追赶者，只要你全力以赴才能跑得更快。我们总将竞争对手看成良师益友，因为有他们的存在，我们才不敢松懈下来。

最后，我要感谢帮过××公司的各位领导、各界朋友，你们在××公司成长过程中给予了默默无闻的支持与帮忙、关心与关爱。

现在，在全体员工的奋斗下，在客户朋友的信赖下，在媒体朋友的宣传下，××公司才有了今日的成果。再次感谢各位的光临与支持！

◎ 现场会欢迎主持范文：做好现场互动的纽带

讲话技巧

主持现场会并不难，关键在于做好现场互动的纽带和桥梁。对主持人来说，要保障会议连贯召开，穿针引线，介绍流程，重点突出会议效果。同时，还应发挥好互动的作用，让嘉宾、观众积极互动起来，有效地控制现场氛围。

现场互动把观众、嘉宾拉进来，形成观众、嘉宾和主持人三者间的沟通和联系。所以，主持人要亲和、自然、热情，让嘉宾和观众能配合，而不是只说"现在有请××领导讲话""欢迎几位观众表达一下想法""下面进行会议下一项内容"……

如何做好现场互动，让气氛更加火热呢？

首先，可以利用提问的方式，让观众和嘉宾讨论，也可让观众提出问题，嘉宾回答。其次，安排一些健身、趣味小活动，如简单的手指操、头部运动，或是猜谜语、成语接龙等，还可以进行抽奖、有奖问答的活动。

大家需要明白一点，现场会真正的主角是观众，然后是嘉宾，最后才是主持人。因此，主持过程中要简明扼要、直奔主题、衔接巧妙，过渡语不能太啰唆、冗长，要把主持内容和会议主题结合起来——在学术研讨会上提出观点、引出讨论，经验交流会上肯定做法、总结经验，迎新或欢送会上激励先进、号召学习。

主持人还应起到控制时间、掌控气氛的作用。当嘉宾发言时间过长，要积极要求其压缩；当气氛有些沉闷、观众无聊时，要站出来调动气氛，形成互动。

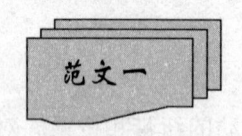

范文一

各位领导、同事们：

大家下午好！

今天，我们××公司全体领导、员工在这里召开20××年工作总结现场会。参加会议的人员有：公司总经理××、副总经理××、各位部门经理以及全体同仁。欢迎大家的到来。

在过去一年，我们公司取得了不错的成绩……

××公司的发展和取得的成绩，与总经理××、副总经理××的领导以及全体同仁的努力是分不开的。在这里，我们以热烈的掌声为大家喝彩！接下来，有请总经理××致辞，欢迎！

…………

谢谢！非常感谢××总经理的致辞。正是在××总经理的正确领导下，公司全体同仁才团结一致、齐心协力，完成各项工作任务。这是我们应得的荣誉，也是我们的自豪！

…………

现在有请先进员工代表××、×××上台领奖，有请代表××讲几句心得，也向所有同仁介绍下工作经验……

都说"万众一心，其利断金"，公司之所以能有今天的成绩，就是因为团队成员间的精诚合作。现在，这里有一个体现团队合作精神的机会。我们邀请20名员工上台参加一个小游戏，人员分成5个小组，每个小组选出一个小队长，协作完成运送气球的游戏……届时，还将对获得第一名的小组赠送精美礼品！大家期待吗？那还不踊跃报名！

……

范文二

各位领导、同仁：

大家好！

这里是××公司经验研讨现场会，欢迎大家的到来！会议分为三项内容：第一项由××、××等先进工作者做经验介绍，第二项表彰先进个人和先进集体，第三项由××领导发表现场会致辞。

现在进行会议第一项，由××、××等先进工作者做经验介绍。现在，我们以热烈的掌声欢迎他们。

……

谢谢！非常感谢××、××等人的经验分享。正是他们敢想敢干、努力拼搏，才获得了如此傲人的成绩，全体同仁应该向几位先进工作者学习。

场景致辞与即兴发言

现在，给大家一个机会，可以向他们提问和请教。这可是一个难得的机会，大家千万不要错过哦！错过这一次，说不定你可能在之后的工作中会走很多弯路。好，我看到很多同仁举手了，现在邀请几位来提问……

感谢几位先进工作者的解答，相信大家一定有很多收获！现在，我们进行会议第二项，表彰先进个人和先进集体。让我们以热烈的掌声欢迎他们上台，同时也以热烈的掌声欢迎××领导为他们颁奖……

台上的先进工作者们领了奖，台下的同仁也有机会领奖。听到这个消息，大家一定非常兴奋吧！其实，想要领奖很简单，只需做一个小游戏，这个游戏是……

现在进行会议第三项，有请××领导致辞，大家掌声欢迎！

……………

刚才××领导做了重要致辞，对先进个人和先进集体进行了高度赞扬和肯定，也对所有同仁提出要求：一是要求我们……二是要求我们……我相信，大家按照××领导的要求落实贯彻下去，积极学习先进，将来一定可以更上一层楼。

最后，××公司经验研讨现场会结束，感谢各位领导和同仁的光临！

◎ 迎新活动主持范文：表欢迎，不是说空话

讲话技巧

迎新是一项目的性非常明确的活动，对于主持人而言，获得听众的认同感非常重要。

在迎新活动上，主持人要达到这样一种目的——首先要让听众知道他们是谁，或者他们要成为什么样的人。通过欢迎的方式，主持人要告诉听众是什么原因让他们不同于其他人，从而鼓励他们尽快融入新的集体和环境。

此外，迎新活动要把对新员工的欢迎落到实处，以公司的要求和规则为前提，结合新员工的特点，先阐述企业职责、岗位要求，后考虑员工成长以及可能取得的成就。这样，通过迎新活动，不仅增进对新员工的了解，也增进了新员工对企业的了解，阐述了公司对新员工的期待和希望。

总而言之，主持迎新活动一定要把期待和要求落到实处，不能泛泛而谈，而是要有实实在在的内容。

范文一

各位新同事：

　　大家好！

　　今天，我为多位新同事加入本公司而感到高兴。你们为公司注入了新的血液，添加了新的动力，我谨代表××公司的全体成员对在座的各位表示热烈的欢迎！

　　大家来自不同的地区，因为特别的缘分，共同来到了××公司。你们进入的是一个充满活力和希望的群体，面临的也将是充满挑战与机遇的工作。这是公司发展的重要契机，也是你们个人成长的重要契机。

　　我们生长于不同的家庭环境，毕业于不同的学校和专业，但目标是一致的，都是为了适应社会需要，最终实现人生价值。所以，大家一定要尽快适应新环境。

　　公司和员工是一个共生体，公司的发展要依靠员工的成长来实现，员工的成长又要依靠公司这个平台来成全。公司将尽力为每个人提供创业发展的平台，也希望每个人全身心地付出精力和才智来回报公司。

　　既来之，则安之。此时此刻，我的内心充满期待，期待公司新的发展，期待员工的成长，期待大家专业能力的提升。今天，我特别想说，希望你们中间能涌现出一批带领队伍作战的将才和帅才！

　　谢谢大家！

范文二

尊敬的各位领导、新员工们：

大家好！

首先，我非常真诚地欢迎各位新员工加入××这个正在成长中的大团队。从今天起，你们已成为××团体的重要成员，有着无限的可能性，也是公司的未来。

我先向大家介绍下××公司的历史、制度、企业文化和核心价值观等，希望你们认真思考和感悟，在工作过程中和人生道路上能更好地适应和成长。同时，也希望公司能更好地发展，让员工的成长与企业的发展更好地结合，实现双赢。

在这里，××公司为优秀的员工提供了良好的平台及发展空间，无论是什么岗位都享有同等的提升机会。就让我们用空杯的心态，虚心地向每位前辈学习，为未来的工作打下坚实的基础。当然，要提醒大家的是，从此以后，您在工作中的一言一行都代表了公司形象，而不只是自己，所以要以积极、热情、主动、快捷、正确、安全的行为准则去完成工作。

我们相信，公司由于大家的加入会更出色、更美好，"××"将成为知名品牌，在社会上享有盛誉。与此同时，您也将会有所收获、有所提升！

让我们一起共同努力吧！

◎ 员工欢送活动主持范文：懂尊重，多感谢，送祝福

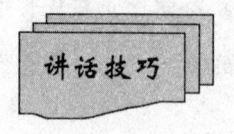

讲话技巧

俗话说："好话一句三冬暖。"充满温情的话语如同拂面而来的春风，总能让人心情舒畅。在日常的相处中，说话充满温情的人往往会大受欢迎。因为温情的背后代表着尊重和贴心，这样的沟通能使大家开心，愉快相处。

主持活动时，也是同样如此。

尤其在主持员工欢送活动时，多用温情的话语表达尊重，不但体现出人与人之间的真诚和善意，还能演化成一种沟通艺术，拉近员工的距离，减少彼此的陌生感。

员工欢送活动作为一个仪式，首先要有总结，因为无论是哪种欢送，都代表员工在当前单位的工作画上了句号。这段画上句号的工作有着非同寻常的意义，我们不妨在主持仪式上通过总结和回顾，表达对员工辛苦努力的感谢之情，对员工的付出做出肯定。

其次，既然是欢送，一定要对未来有所展望，祝福员工未来的发展，这样才能体现欢送的主题和气氛。

范文一

尊敬的各位领导、亲爱的朋友们：

大家晚上好！

作为一个加入公司不久的新人，能够参与并主持××同志退休欢送会，我倍感荣幸。在此，我谨代表××公司向大家、向已经退休今天又来到现场的同志表示热烈的欢迎，并对××同志所做的贡献表示崇高的敬意和衷心的感谢！

长久以来，大家立足本职，爱岗敬业，扎实工作，拼搏实干，与××同志同呼吸、共命运，风雨同舟，共渡难关，把美好的青春和工作热情都贡献给了××事业。在座的多数同志长年在一线工作，风风雨雨几十年，有些同志的身体上甚至留下伤病。你们所体现的识大体、顾大局、守纪律、不怕苦、不怕累、敢打硬仗的作风和精神，将永远激励后来者。

退休是各位同志人生的一大转折点，也是人生新阶段的开始。希望××同志尽快调整心态，放下思想包袱，多腾出时间照顾家庭、锻炼身体，享受美好的生活。

许多同志退休后整日清闲，感到生活无聊，产生失落感，出现焦虑、忧郁等心理问题，严重影响了生活质量。所以，我建议大家退休后一定要重新定位，树立新的追求目标，有所寄托，哪怕是摆弄花鸟鱼虫、练字画画也好，保持精神愉快、身体健康才能获得较高的幸福感。

健康是人生最大的幸福。享受美好生活，保持积极的精神态度和心理健康，对老年人来说很重要。大家一定要注重自我情操陶冶，保持乐观向上的心态，还要多看新闻、看书，了解国内外大事，加强学习，多劳动，多锻炼，能让自己安度快乐的晚年。在这里，我衷心地祝愿每名退休同志健康长寿！

夕阳无限好，晚年别样红。大家虽然退休了，但××公司仍是你们的家，你们还是我们的亲人，欢迎大家常回家看看。我衷心地祝愿各位退休同志，老有所乐，老有所为，幸福安康，阖家欢乐，万事如意！

谢谢大家！

范文二

尊敬的各位领导、各位同事：

今天，我们相聚在这里，既是为了欢送，也是一种回首，更是对××同志工作生涯的见证。下面，我宣布，××同志退休欢送会正式开始。

在这个特殊的日子，我们特别制作了一段视频，再次领略××同志的风采，也听听老朋友有什么话想对我们说、有什么祝福想带给××同志。

××同志在岗位上默默奉献多年。今天，我们怀着难舍之情欢送他，部门同事也精心制作了一本留念相册，里面满载对××同志的祝福。让我们共同打开这本宝贵的相册。

…………

××同志把一生中最珍贵的青春年华都奉献给了我们公司。下面,让我们以热烈的掌声有请总经理代表公司为××同志赠送退休礼物!

人与人相处,贵在知心。朝夕相处多年,在这难舍难分的时刻,××同志心中有多少知心话想要说呢?下面,掌声有请××同志!

再过几天就是××同志的生日了。我想,让我们一起再为他提前过一个生日,怎么样?

…………

再多的话也道不尽这种难舍之情,就把剩余的话融入今天的酒里。我宣布,欢送晚宴开始,请大家自由用餐。

◎ 领导卸任欢送会主持:把敬爱与感谢融入告别

讲话技巧

领导卸任欢送大会,既意味着结束,又意味着新的开始。两种不同的情绪、两份不同的感情,在主持活动的时候一定要正确处理好两份情感的表达和交融。

其实,想要得到别人的好感不难,嘴甜会夸人就行。大家不妨找出一些周围那些让你觉得有好感的人，然后把你和他们相处的日常迅速回想一下，找找看这些人的共同点。他们未必全都能言善辩，但一定很会夸赞别人，总能不动声色地说一些对方爱听的奉承话，让别人听了很高兴。

当然，这里说的"奉承话"并非曲意逢迎，而是善于赞美，能够抓住对方身上的优点和闪光点，从而让对方感到善意和友好。

从心理学来说，人们之所以对他人产生好感，主要源于两大因素：一是相似，二是赞美。相似这件事要讲究缘分，赞美这件事却可以通过一定的沟通技巧去提升，从而让自己收获更好的人缘。

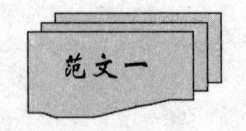

范文一

尊敬的各位领导、来宾们：

大家好！

今天是一个令人伤感的日子，也是一个让人高兴的日子。伤感的是，××部长即将离开我们，调任集团其他部门；高兴的是，××部长即将走上更高的工作岗位，开始新的工作历程。

三年弹指一挥间，我们销售部门在××的领导下，员工都淳朴勤劳，干部奋发有为，曾经走出很多优秀的基层领导和员工。这既是他们个人奋斗历程的重要里程碑，也是我们销售部门的荣幸。在此，让我们对××部长的荣调表示衷心的祝贺，也对他几年来为销售部门的真情付出表示衷心的感谢！

三年来，在销售部门，××部长带领大家用热情和汗水谱写了一首难以忘怀的歌。今天，我们在这里重温过往，因为明天将重新起航；不带着离别的愁绪，因为明天又是新的起点。我们相信，大家再次相逢依然会是一首动人的歌。

离开总是难舍难分的，但我们永远是抬头不见低头见的兄弟部门。所以，在座的所有人，更多的是对领导的荣调感到高兴、感到骄傲，并用自己的方式表达了对领导的敬爱和祝福。此时，我想××部长也有很多话想对大家说。下面，请××部长跟大家说几句。

（××部长发言）

××部长的发言很热情，也很真诚，既诉说了对离开的依依不舍之情，又表达了对销售部的亲切期待和祝福。

最后，请向××部长送上我们全体同仁的心意！一个美丽的蛋糕、一首熟悉的音乐，代表着我们销售人员对××部长美好的祝愿，祝××部长在今后的职场中节节高升，在人生道路上红红火火、一帆风顺！

范文二

尊敬的各位领导，敬爱的伙伴们：

大家好！

刚才，××总工程师给我们做了一场情真意切的讲话。他的讲话饱含对公司的深深眷恋，对广大员工的浓浓情谊和美好祝福，让我们真情涌动、百感交集。

我清楚地记得，××总工程师是20××年×月来到公司的，一转眼8个年头过去了。8年来，××总工程师与我们朝夕相处、同甘共苦，带领大家改革创新、攻坚克难，开创了工作的崭新局面。回想起与××总工程师共事的日日夜夜、点点滴滴，一个个感人的片段是那么清晰、深刻。

××总工程师到公司不久，就提出"高起点、高标准、高效率、高质量"的工作理念，优化工作流程，做到问题"归零"。无论大事小事、急事难事，他都特别认真、特别投入，有使不完的干劲。所有这些，深深感染着我们，教育着我们，鞭策着我们。

我们感受最深的是××总工程师对部门建设的重视和对新员工的关心、关爱。几年来，他带领我们加强企业文化建设，使文化软实力成为工作的"硬支撑"。在××总工程师的主导下，一大批优秀的年轻骨干源源不断地充实进来，为公司注入了新鲜血液。工作中，××总工程师充分体现了一名优秀领导的好品格、好精神、好形象。在此，我提议，让我们以热烈的掌声，向××总工程师表示衷心的感谢并致以崇高的敬意！

××总工程师虽然即将离开公司，但"海内存知己，天涯若比邻"，再远的距离也隔不断我们的联系、冲不淡我们的情谊。在欢送××总工程师之际，让我们把他的谆谆教诲化作工作动力，把对××总工程师的敬爱与感谢化作美好的祝福，祝××总工程师在新的岗位上工作顺利、万事如意！

/PART 5/ 祝贺、答谢活动：
好听的话，简洁地说

祝贺、答谢活动，溢美之词必不可少。但是，凡事都要有个度。

过度的溢美之词不仅不能让对方觉得舒服，反而觉得这些话空洞、虚伪。我们要挑好听的说，但要言简意赅，说到点子上。

◎ 用激情搞好现场气氛

祝贺、答谢仪式,一定发生在喜气洋洋的场合,是发生了好事。不管是主角还是主角的亲朋好友,一定是怀着祝贺的心情来参加活动的。既然是好事、喜事,现场气氛自然要活跃一些好。气氛不活跃,喜气也就感受不到了。

能否点燃现场气氛,完全取决于主持人的能力。虽然活动主角、在场的亲朋好友代表会上台发言,但专业人士只有主持人。其他人的发言是不可控的,产生什么结果完全不可知。因此,指望他人,不如将现场气氛掌控在自己的手中。

激情是气氛最好的助燃剂。

主持祝贺活动的时候,你的情绪是否饱满会决定现场气氛的走向。你的语速放缓,声音低沉,都会影响现场气氛。想要表现出激情,语速不能太慢,声音不能太低。除非在某些特殊环节要加入一些煽情的戏码,才需要慢语速、低声调的说话方式。

激情绝不仅仅体现在主持人的独角戏上,缺少互动,激情就缺少了足够的释放渠道、展示的舞台。在与活动主角、主角的亲朋好友对话时,不妨用你的激情引导他们的行为。如鼓掌、叫好、起哄这些行为,都能让现场气氛热烈起来,提高他人的参与感。

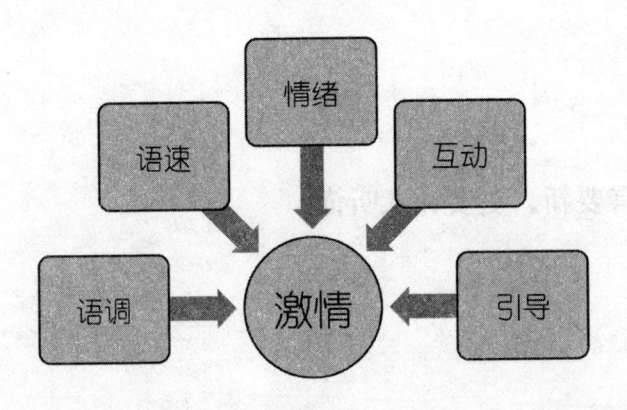

图 5-1 激情体现的方面

　　跟大家进行互动时，还有些要注意的地方。主持人虽然主导了活动流程、现场气氛，但不代表有权指挥、命令他人。如果强硬地要求别人配合你的行动，只会让对方心生不满。由于亲疏有别，其他人不会觉得不配合的人扫兴，而是觉得主持人有些不讲道理。

　　根据各地的风俗习惯，对于互动环节会有不同的行为举止。如果主持人事先没能完全了解情况，在要求大家配合你的行动时，最好选择一些容易配合的活动。

　　某人主持一场寿宴时，制定了一个环节，要求到场的宾客讲完一段话后，所有人都要起立鼓掌。但是，当地办寿宴是以流水席的方式进行的，即便寿宴的地点在当地知名的酒楼，还有一段仪式结束后才能开始寿宴，但进门就可以就餐的习惯并没有改变。当主持人要求大家起立鼓掌时，台下大多数人的嘴里都嚼着食物。结果可想而知，掌声寥寥，起立的人更是一个都没有，场面十分尴尬。

　　活动需要激情，但激情要找好释放的时机，把握好度，不要让激情变成自嗨，也不能喧宾夺主。

◎ 语言要新，更要让人听懂

随着新时代的到来，许多风俗不可避免地发生了改变。特别是在知识和生活习惯这两件事情上，越来越多的年轻人变成了中年人，越来越多的中年人变成了老年人。

不同的时代背景、生活习惯、知识面，决定使用语言的不同习惯。许多约定俗成的祝福语依然适用，却不是最好的选择。如果想让场面更好看，让自己的发言更受欢迎，就必须使用新语言。

新语言来自多方面，包括新媒体、新出现的文学作品或艺术作品，但比例最高的还是网络用语。每个圈子都有属于自己的一套语言方式，有一套自己的"梗"。有些效果比较好，能够产生破圈效应，被更多的圈外人知晓，甚至被搬上春晚舞台。但有些却不能突破小圈子，可能你每天都能看见，但他人对此却一无所知。

我们要使用新语言，更要让他人明白这些新语言的含义，就需要注意以下几个问题。

你要确定使用的新语言是否破了圈。如果没有破圈，只在自己经常接触的小圈子流行，当你说出来的时候，现场怕是没有多少人能明白。

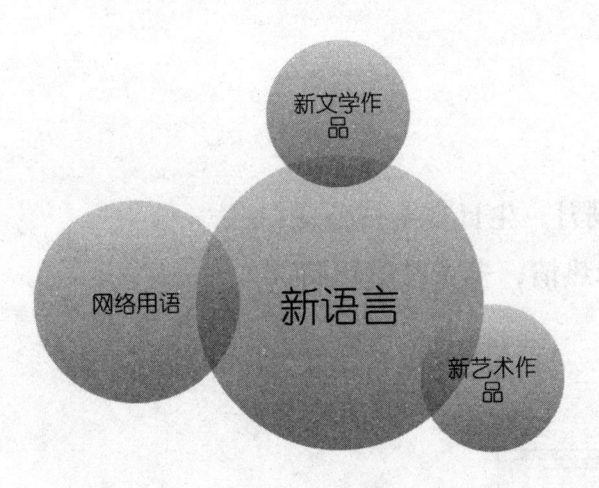

/PART 5/ 祝贺、答谢活动：好听的话，简洁地说

图 5-2 "新语言"

你要确定所使用的新语言一定是你所想的意思，不能存在争议。网络上的每个新语言、新梗都有其出处，这些新语言未必从开始就是你所知道的样子、所知道的用法。人们接触到这个语言的时间节点有所不同，对其含义的理解也就大不一样。

也许你觉得这句话只是玩了个梗、开了个玩笑，但对方接触这句话的时间节点和你知道的不同，他就可能认为自己被冒犯了，觉得你在大喜的日子说了不吉利的话。

比较稳妥的方式是，使用几年之前、已经被定死用法的流行语。被人说"这人玩老梗"，总比被人说"这人说话不知所云"要好得多，而且不会产生争议，能让现场的人都听明白，继而会心一笑。如果我们的新语言能达到这样的效果，就说明已经成功了。

语言要新，但更要让人听懂，听懂的优先级远远高于"新"这一点。由于各方面的限制，实在找不到合适的新语言，也不能为了效果硬玩梗，要以让大家听明白为好。

◎ 小儿满月、生日宴主持范文：
真挚热情，多表希望和期盼

讲话技巧

满月酒宴、生日宴，是为刚刚满月的新生儿或宝宝生日举办的庆贺活动。实际上，宴会上的主角不是新生儿，而是新生儿的父母——孩子应该有怎样的成绩、怎样的人生，这是父母关心的事情，不是到场宾客应该关心的。

父母可能会有"唯愿吾儿愚且鲁，无灾无难到公卿"的想法，但主持人、到场的宾客绝对不能这样讲。父母可以希望孩子有个快乐、简单、平凡的人生，但其他人这样讲，就间接地表示不看好孩子的前途与未来，甚至认为孩子不聪慧、缺少天赋。想要主持好小儿满月答谢宴会，要说让父母满意的话。

首先，不管父母对孩子有怎样的期盼，必然存在"希望孩子能健康成长"这个心愿。如今，医学技术相比古代可谓天差地别，但小孩出现各种病因仍不罕见。于是，希望孩子健康成长，是最基础、最打动人心的祝福。

其次，光宗耀祖是绝大多数父母对孩子的期望。每个人都希望能与有强大基因的人联姻，这是中华民族极有特色的精神文化内核。不少父母将孩子看作自己的延续，希望他比自己更好，将来能光耀门楣。所以，主持人不要担心说孩子比父母更强会让对方不高兴，这可能是父母最喜欢听到的话之一。

最后，对孩子未来的期盼要有合理性，不能过于宏大。每个家庭的价值观都是不同的，对于孩子的期望值也不一样——我们期盼孩子有个美好的未来，但这种期盼太遥远，中间的教育过程很重要；一个普通人家的孩子，你觉得他将来能成为××领导，这话怎么听都别扭。

范文一

尊敬的各位嘉宾、亲爱的朋友们：

大家好！

今天天朗气清，惠风和畅，是个喜庆的好日子。咱们欢聚一堂，共同为我们可爱的宝宝×××献上满月的祝福！

首先，让我们以热烈的掌声，向喜得贵子的×××与×××夫妇送上真挚的祝福，祝愿二位举案齐眉，阖家幸福。当然，今天的主角不是他们二位，而是我们可爱的小宝宝。

让我们掌声有请二位带宝宝一起上台。

瞧，这小家伙多可爱，浑身都透着股机灵劲儿，以后长大了绝对是个小帅哥！

每个孩子都是父母的珍宝，看着他呱呱坠地，从小小的一团成长为优秀的少年少女，这是多么奇妙的过程，让人不禁感慨生命的伟大。那么，在这个特殊的日子，作为父母的二位想对宝宝说些什么，为他送上怎样的祝福呢？

让我们把舞台交给这对初为父母的夫妻，把他们最美好的祝福送给宝宝吧！

（父母发言，祝福宝宝）

父母朴实无华的言语中，盛满对孩子沉甸甸的爱。不求他有多大出息，只愿他一生平安健康，这大概是天底下所有父母对子女最恳切的期盼。

值此大喜之际，我提议：所有人一同举杯，把祝福送给宝宝，祝愿他健康成长，平安喜乐！干杯！

范文二

亲爱的来宾、朋友们：

大家好！欢迎前来参加×××小朋友的一周岁生日宴会。首先，请允许我代表×××小朋友的父母，对前来捧场的各位表示衷心的感谢，谢谢大家！

一年前，在医院的产房，伴随着一声清亮的啼哭，我们的×××小朋友呱呱坠地，成为××先生和××女士家庭中的一员。宝宝的出生，为这个家庭带来了许多温暖与快乐。这一年中，我们的×××小朋友在成长，作为父母的××先生和××女士同样也在成长。这个育儿过程是艰辛的，但又是幸福、快乐的。

此刻，看着正在一天天长大的宝宝，他们心中想必有很多话要说。下面，让我们以热烈的掌声，欢迎××先生与××女士上台致辞，把他们的期盼和希望送给今天的小寿星×××。

（父母致辞）

请父母为×××小朋友点燃生日蜡烛。

现在，大家一起唱《生日快乐》歌，送给我们的小寿星。

（合唱《生日快乐》）

最后，让我们共同举杯，再一次祝小寿星身体倍儿棒、吃嘛嘛香！

◎ 乔迁之喜宴会主持范文：朴素真实表祝贺

讲话技巧

随着近些年房价的飞涨，买房子成为一件越来越困难的事情。越是难做到的事情，在成功的时候越是值得庆祝。于是，乔迁之喜重新被人们重视起来，再次成为人们热衷庆祝的事情。特别是有些物业公司，为了与众多业主打好关系，会举办大型乔迁活动。

主持乔迁之喜宴会，不需要太多华丽的辞藻，只需朴素表达自己的真情实感，就能达成祝贺目的。有些小技巧，能够让你的主持变得更加简单。

第一，寻找共鸣。虽然都是乔迁，但实际情况是多种多样的。有人奋斗好久好不容易买了房子，想要好好庆祝一下；有人则是又买了新房，为了喜庆，也为了炫耀举办宴会。不同的人自然有不同的心态，主持人要把握好这种心态给出祝福。只有说到点子上，宴会的主人才会高兴，认可你说的话。

第二，不要吝惜你的赞美，更不要吝惜羡慕之情。房子作为生活必需品中昂贵的大件，刚刚购买的人自然有巨大的成就感。这种成就感，会在乔迁之喜的宴会上达到巅峰。宴会主人需要别人的祝贺，也需要别人的羡慕，毕竟没什么比羡慕更能满足人的虚荣心了。

所以，除了祝贺外，我们也要表达自己的羡慕之情。

范文一

尊敬的各位来宾、亲爱的朋友们：

大家中午好！

祥云环绕新门第，红日光临喜人家！

今天是个好日子，高朋满座，喜气洋洋，到处能听到各位的欢声笑语，为这个喜庆的日子锦上添花。在这个特别的时刻，我们齐聚一堂只为了同一目的——祝贺×××女士乔迁之喜！

让我们举起双手，用热烈的掌声将最诚挚的祝福送给×××女士！

下面，有请我们的主角×××女士为大家致辞。

（×××女士致辞）

从×××女士的致辞中，相信每位来宾都已经感受到她对诸位的感激之情，感谢诸位能在百忙之中抽出时间参加这场乔迁之宴。这里，请允许我代表×××女士对大家道一声感谢，祝大家身体健康、工作顺利、阖家欢乐、万事如意！

人生在世，追求的不外乎四个字——安居乐业。这是人生中头等的大喜事，也难怪×××女士已经乐得满脸开花了！

×××女士非常优秀，工作上，虚心学习，积极进取；生活中，乐观向上，勤俭持家。她能取得今天的成绩，是靠自己的努力，也离不开各位亲朋好友的支持和帮助，谢谢大家！也希望在今后的日子里，诸位能继续携手，相互扶持，友谊长存，亲情永续！

下面，请来宾代表为×××女士献上贺词！

（来宾代表献贺词）

春临福宅地，福载善人家。良辰安宅，吉日迁居，幸福的生活要靠勤劳的双手来创造！让我们奏响幸福的赞歌，举起手中的佳酿，再次祝福×××女士生活幸福、前程似锦，也祝愿各位来宾财源如海，万事如意！

范文二

尊敬的领导、尊贵的来宾，女士们、先生们：

大家上午好！

场景致辞与即兴发言

在这硕果累累的时节，××电子有限公司的新厂区终于成功落成。这是××电子有限公司艰苦创业道路上的一座里程丰碑，是××电子有限公司脱胎换骨的重要转折点。

为了庆贺这一喜事，今天，我们隆重举行这场××电子有限公司的新厂乔迁庆典。感谢各位能在百忙之中抽出时间前来参加此次盛会，共同分享××电子有限公司的成功与喜悦！谢谢大家！

今天到场的各位领导和嘉宾包括：……（介绍来宾）

让我们用热烈的掌声，欢迎他们的到来！同时，也请允许我代表××电子有限公司全体员工，对各位同行、合作伙伴、朋友的到来，表示由衷的感谢和诚挚的欢迎！

3年前，××电子有限公司还是一家年轻的企业，刚刚在创业的道路上成长起来，甚至没有多少人听说过它的名字。今天，在企业领导人的锐意进取下，在全体员工的兢兢业业中，××电子有限公司有了翻天覆地的变化。

新厂区的落成，意味着××电子有限公司从此迈入全新的阶段。未来，××电子有限公司又会有怎样的惊人之举呢？让我们有请××电子有限公司董事长×××先生为大家答疑解惑！

（董事长致辞）

感谢×××先生的致辞。

俗话说，一个好汉三个帮。当今是团结协作的社会，无论企业还是个人，都不可能单单依靠自己的力量去发展。××电子有限公司能够取得今天的成绩，离不开各位领导、各位合作商的支持！让我们再次以热烈的掌声对诸位表示感谢，××电子有限公司今天所取得的成绩，都有在座每位的功勋章！

下面，让我们有请开发区代表×××、市招商局代表×××、董事长×××为新厂剪彩!

(剪彩仪式)

欢乐的时刻总是短暂的，但每份喜悦都将深深烙印在我们的脑海中，定格成永恒的记忆。让我们再次以热烈的掌声，将记忆定格成最美的模样!最后，祝福在座的每一位在今后的日子里都能健康快乐、心想事成，明天会更美好!

现在，我宣布，××电子有限公司新厂乔迁庆典到这里全部结束。谢谢大家!

◎ 寿宴之喜主持范文：**直截了当，简洁明了**

讲话技巧

为老人祝寿，往往是一个家庭甚至家族非常重视的事情，每个细节都不可忽视，每句话都要简单明了，不能有半分误解。

意思复杂的话最好不说，绕来绕去的典故可以不讲，只需让在场的人明白，你是在送祝福就可以了。话说得太多、太复杂，并不适合寿宴这种场合，除了担心引起误解外，还有其他原因。牢记这些要点，才能主持好寿宴，不被寿宴上的宾客反感。

第一，话不可说尽。寿宴跟其他庆贺场合不同，其他庆贺场合负责送祝福、说好话的可能只有主持人，但寿宴上，许多小辈要为老人送上祝寿的话。一句话，无论含义多好，反复地说效果就很差了。

还要注意一点，你说得越多，他人可说的祝寿语就越少。特别是因文化水平、教育程度、相关知识的影响，有些人可能只知道一些常用的祝寿语，你说得多了，很可能让对方陷入无话可说的尴尬境地。

第二，把控好主持的节奏。寿宴本就是庆祝老人身体健康、接受亲朋好友的祝福、与晚辈交流情感的场合。主持人应是流程的掌控者，把握每个环节所需的时间、节奏，而不是自己占用大量的时间。

总体来说，主持一场寿宴除了要会送祝福外，还要做到简单明了的现场演讲。

范文一

各位来宾，各位亲朋好友：

大家晚上好！

亲朋共享天伦乐，欢声笑语寿满堂。今天是20××年10月8日，农历八月二十二日，各位亲朋好友相聚于此，共同庆贺×××老人的70岁华诞！感谢各位在百忙之中抽出时间前来赴宴，把这份祝福送给我们的老寿星，也祝愿各位度过一个美好、温馨的夜晚。

谢谢!

首先,有请我们今天的老寿星上台。掌声响起来!让我们用热烈的掌声祝福老寿星福如东海长流水、寿比南山不老松,年年有今日、岁岁有今朝!

70年前的今天,一个平凡而伟大的生命就此诞生。他和所有勤劳朴实的中国人民一样,一辈子勤勤恳恳、老老实实,认真积极地过着小日子,经营自己的小家庭。他做着平凡的工作,过着平凡的人生;但他的一生也很伟大,是一个好父亲、一个好工人。他就是我们今天的老寿星,×××先生!

70年的风雨在他的面容上镌刻下风霜的痕迹,70年的沧桑让他的双鬓染上白雪,70年的辛劳压弯他挺直的脊背。值得庆幸的是,他的付出没有白费,两个儿子如今已经长大成人,在工作领域都取得了令人骄傲的成绩。

今天这场寿宴的主办人正是×××先生的两个儿子,让我们一起听一听兄弟俩想要为父亲送上怎样的祝福!掌声有请!

(儿子致辞)

曾经是父亲用宽厚的肩膀为孩子扛起一片天,如今,孩子已经成家立业,便由他们为父亲的晚年撑起一把幸福的伞。

今天,×××先生的孙子孙女也为爷爷准备了一份礼物。掌声有请两位可爱的小天使上台,为爷爷献上贺礼与祝福!

(孙子孙女献礼和祝福)

得知今天是老寿星的70岁华诞,酒店特地为老寿星送上蛋糕,祝愿老寿星生日快乐、生活幸福!有请老寿星的公子以及孙子孙女,一齐帮老寿星点燃蜡烛,祝愿老寿星福寿绵长!

让我们全体起立，一同为老寿星献上一曲《祝你生日快乐》！

（大家合唱歌曲）

请老寿星许下心愿，吹灭蜡烛！

祝愿老寿星心想事成，万事如意！

最后，让我们共同举杯，再次为老寿星送上祝福！祝他身体健康、生日快乐，也祝愿在场的每位都能度过快乐的时光，留下美好的回忆！

范文二

亲爱的朋友们：

大家晚上好！

今天是一个充满喜庆和欢乐的日子，到处洋溢着欢声笑语。我们怀着激动和喜悦的心情齐聚一堂，在华灯璀璨、鲜花盛放的××大酒店，迎来×××先生的寿诞庆典！

首先，让我们以热烈的掌声祝贺×××先生生日快乐，也请允许我代表×××先生及其家人向各位前来参加此次生日庆典的兄弟姐妹、朋友们，致以最衷心的感谢和最诚挚的欢迎。谢谢大家！

现在，这个激动人心的时刻到来了。我宣布：×××先生的寿诞庆典，正式开始！

大家的掌声响起来，有请我们的寿星上台！

下面，有请×××先生的女儿××女士，也是今天这场庆典的主办人，上台为父亲献花。掌声再次响起来！

××女士是×××先生的独生女。30年前,当她呱呱坠地之时,是父亲用一双宽厚有力的手为她撑起一片天;30年后,长大成人的她,回报给父亲的是一腔赤诚的爱和未来安稳、幸福的晚年。

在这个特殊的日子,让我们一起听一听××女士将如何对父亲诉说她的爱。下面,欢迎××女士为父亲致贺辞!

(**××女士致辞**)

××女士所说的每句话都出自肺腑,感人至深。在座的各位都是×××先生最亲的人、最好的朋友,让我们再次以热情的掌声给予×××先生最衷心的祝福!我们衷心祝愿您福如东海,寿比南山,年年有今日,岁岁有今朝!

接下来,进入今晚最精彩的环节——请前排几位嘉宾作为代表上台,和寿星一起点蜡烛、切蛋糕。

音乐起——让我们一起为寿星献上一曲《祝你生日快乐》。来,大家一起唱:"祝你生日快乐,祝你生日快乐……"

现在,在大家的见证下,让我们的寿星许下心愿,愿您心想事成、万事如意,所盼望的都能成真,所期待的都会到来!

晚宴时间开始,请大家用餐。

…………

欢乐的时光总是非常短暂,今天的宴会到这里就要告一段落。但是没关系,彼此的情谊却能够万古长存!最后,让我们再次将热烈的掌声送给寿星,大家一起大声地对他说:"祝您——生日快乐!"

◎ 生日宴会主持范文：一份祝福，一份真诚

讲话技巧

如今，越来越多的年轻人倾向于举办生日宴，就是找个机会和朋友们好好地玩一场。

生日宴会上，寿星自然是独一无二的主角，大家会祝福他生日快乐，但又不会像老人的寿宴一样，排着队地向他送祝福。这时候，要由主持人站起来说说这件事情了。给年轻人过生日、道贺的方式，自然和老寿星不一样。

第一，生日宴会的主持，不需要用太多传统的祝福语、诗词。 人人都爱听好话，但年轻人办生日宴最主要的是图个热闹，不是真的想要过寿。传统的祝寿语，绝大多数是为老年人祝寿的，不适合年轻人，硬要用的话，只能让人觉得很夸张、很尴尬。

为年轻人主持生日宴会，要以年轻化的口语、流行语为主，不仅能起到祝福的作用，还能引起在场参与者的共鸣，活跃现场气氛。

第二，把心思用在祝福上，不如用在夸奖上。 老年人希望自己健康长寿，年轻人则希望自己得到认可。在为年轻人主持生日宴时多说些夸奖的话，绝对比祝寿来得更有效——无论是称赞外貌、气

质、学识还是穿着打扮，都比"福如东海，寿比南山"听得顺耳。

范文一

各位老师、同僚、相亲相爱的兄弟姐妹们：

大家晚上好！

我是××部门的×××，非常荣幸能够担任主持人，和大家一齐庆贺×××协会创始人××老师的生日。首先，请允许我代表×××协会全体会员，对我们美丽的××老师说一声：生日快乐！祝您生活吉祥如意，事业步步高升，恋情开花结果，容颜青春永驻！

众所周知，×××协会是由××老师一手创办的，我们因共同的追求与憧憬而聚集在一起，组成这个大家庭。××老师就好像是我们的大家长，帮助、领导我们一路前行。

今天，我们齐聚一堂，既是为××老师庆祝生日，也是一次发扬和推广×××协会自然养生文化的动员大会。一直以来，××老师都在为宣传自然健康的养生文化而努力，这也是她创办×××协会的初衷。我们始终遵循这一指引，为大众的身心健康而努力，也将继续努力奋斗！

下面，有请今天的主角——美丽的××老师为大家说几句话！

（××老师致辞）

谢谢××老师精彩的演讲，谢谢××老师带给我们新的蓝图，带给未来新的憧憬、新的目标，引领我们踏上新的征途！

下面，让我们一起为××老师点亮蜡烛，献上生日的祝福！

感谢各位老师以及今晚到场参加此次生日宴会的所有兄弟姐妹，今后我们还会有更多更好的活动，欢迎各位新老会员积极参与。我们是一个充满爱、充满凝聚力的大家庭，每位加入这个大家庭的成员都是我们的兄弟姐妹、亲人朋友。

再次感谢大家的支持，谢谢！

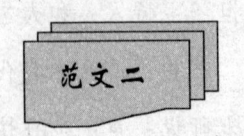

范文二

尊敬的师长、亲爱的朋友，女士们、先生们：

大家晚上好！

欢迎来到×××大酒店参加××先生50岁的生日聚会。我是今晚的主持人××，首先，请允许我代表今天的寿星××先生及其家人，对到场的所有来宾表示诚挚的欢迎和衷心的感谢。欢迎各位能够前来参加这场宴会，也感谢各位愿意在百忙之中抽出时间与我们一起为××先生庆贺。

这场宴会由××先生的妻子××女士一手策划。这里的布置，每一项都出自××女士之手，每件看似不起眼的小装饰背后都隐藏着××女士与丈夫的点点滴滴。这也是××女士送给丈夫××先生的一份生日礼物！

我们不如把××女士请上来，和我们分享一下他们的故事。掌声有请！

（××女士致辞）

刚才××女士在提到和丈夫相识、相爱、相处中的种种事情时，我注意到，我们的寿星××先生已经默默红了眼眶。能在今天收到这样一份特别的礼物，想必我们的寿星此刻心中一定激情澎湃，有很多话想要对妻子说。

现在，就让我们把舞台让给寿星，一起听听他有什么话想要对妻子说，掌声有请我们的寿星上台！

（寿星××先生致辞）

这是怎样的神仙爱情啊！听到××先生与××女士对彼此的爱意吐露，让人不禁感叹：我又憧憬爱情了！

××先生与××女士的故事，没有惊天动地、轰轰烈烈，却处处是相濡以沫的理解与陪伴。高潮迭起的故事，我们在小说中看得太多，反而是平平淡淡的真实更能打动人心。真正的爱是长久的陪伴，是柴米油盐中的烟火气，是你记挂着我、我理解着你的生活细节。

都说相爱容易相处难，若真爱一个人，又怎会畏惧生活的艰难？就像××先生与××女士，他们在生活中同样有争吵、有矛盾，重要的是，在争吵过后依旧能够牵起彼此的手，担心对方饿不饿、冷不冷，会在特别的日子给对方特别的温暖与惊喜！

接下来，请我们的寿星牵起妻子的手，与她一起点亮这代表祝福的蜡烛！

朋友们，让我们举起双手，用热情的掌声祝我们的寿星生日快乐，也祝福这对夫妻在今后的日子里继续甜甜蜜蜜、白头到老！

谢谢大家！

◎ 公司答谢客户活动主持范文：实惠最重要

讲话技巧

商业活动中，客户的地位是至高无上的。即便苹果、微软这样的巨头公司，也不敢无视客户的意见、藐视客户的地位，毕竟客户是他们生存的根本。不少公司每年举办庆典、会议的时候，都会找一些重量级的客户。有些时候，干脆专门为客户举办答谢活动。

想要主持好客户答谢活动，一定要注意以下几点。

第一，客户固然重要，但不能把所有的功劳都放到客户的头上。答谢客户，说客户的好话自然是重要的。但说好话要有个度，公司能取得成绩不全是客户的功劳。如果把功劳都给了客户，众多为公司付出辛勤劳动的其他人自然不满意，客户也会怀疑：这公司把话说成这样，到底从自己身上赚了多少？自己是不是当了冤大头？

第二，感谢的态度决定客户的态度。说好话人人都会，把好话说到点子上却不那么容易。你感谢客户的方面越真实，客户就越能感受到你的诚意。你感谢的事情越空泛、虚无缥缈，客户也就明白公司只是大概了解他的价值。

范文一

各位领导、各位来宾：

大家下午好！

虽然现在已经入冬，但我们的心依然火热。今天，我们邀请到了诸位——×行最尊贵的客户前来参加我们分行举办的VIP客户答谢会。为了确保会议顺利进行，让各位尊贵的客户有良好的体验，不错过今天丰厚的答谢赠礼，希望大家能暂时把手机调至静音或振动状态，谢谢大家的配合！

下面我宣布：中国××银行××支行VIP客户答谢活动，现在正式开始！

首先，请允许我向大家介绍与会的各位领导以及特邀嘉宾，他们分别是：中国××银行××支行的×××行长、中国××银行××支行的×××主任，以及著名投资理财专家×××先生。大家掌声欢迎！

我行的发展壮大，离不开众多客户的信任与支持。今天，各位尊贵的来宾能够在百忙之中抽出时间前来参加我们的客户答谢会，这让我们感到非常荣幸。下面，请×××行长为大家致欢迎辞。掌声有请！

（行长致辞）

"服务大众，真诚你我"，是我们银行一直以来奉行的服务理念。在工作中，我们始终秉承这一理念，凡事以客户为先，以客户为重。在座的各位都是我们银行的老客户，为了感谢各位一直以来对本银行的支持，今天我们特别邀请了著名投资理财专家×××先生，为各位进行一个小讲座，提供理财规划的新思路，让大家能够找到适合自己的理财方式，创造更加美好的生活。

正所谓"授人以鱼，不如授人以渔"，这是我行在今天答谢会上送出的第一份厚礼！让我们掌声有请投资理财专家×××先生！

（×××先生理财讲座）

感谢×××专家的理财讲座，十分精彩。

今天，为了表示对每位嘉宾朋友的感谢，我行特意为诸位准备了一份精美的礼品。会议结束后，请各位移步前台领取。

再次感谢各位贵宾对本行的支持，祝愿大家身体健康、工作顺利，未来的每一天都过得更好，财路一天比一天走得更宽、更广！

范文二

尊贵的各位来宾、亲爱的朋友们：

大家好！

今天是我们××商场，针对高级VIP客户专门举办的一场答谢活动。在场每一位收到我们邀请函的客户，都是我们商场最尊贵的VIP客户，因为有你们的信任与支持，我们才能取得今天的成绩。所以，在答谢活动正式开始前，请允许我代表××商场的全体员工，对在场的每一位客户致以最诚挚的谢意以及最热烈的欢迎！

在过去的一年，商场在诸位客户的支持下取得了十分傲人的成绩，得以成功拿下×××服饰、×××化妆品以及×××皮具等著名品牌的地区独家代理权。今天，在这充满喜庆的日子里，我们将与一直信任、支持我们的老客户分享这累累硕果！

话不多说，既然是对老客户的回馈与答谢，最重要的当然只有两个字——实惠！

首先，先来抽奖，送出今天活动的第一波福利！抽奖的方式很简单，各位来宾手中都有一张入场券，每张入场券右下角标有一串号码，这串号码就是我们的幸运号码。系统会不定时自动抽取一组号码，当抽中您的号码时，只需拿着入场券到我这里就能领取到一份至少价值599元、上不封顶的礼品！

好，我们的中奖号码出来了，请看大屏幕——恭喜这位××号的朋友，请到舞台上领取属于你的幸运奖品！

没有抽中奖品的朋友也不用失望，今天我们还会有10余场抽奖福利，人人都有中奖的机会。此外，我们商场还为各位老客户准备了诸多福利，今天全场绝对是史无前例的最低折扣。废话不再多说，让我们嗨起来吧！

…………

/PART 6/ 慰问、吊唁活动主持：情感表露与情感交流

> 慰问、吊唁活动，有着非常重大的意义。不管当事人还是当事人的亲朋好友都满意，才是成功的。在这样的活动中，情感往往是主角，比其他事情都重要。因此，主持人要控制好情感，让其流露得恰到好处。

◎ 把控好情感表露，以细节动人

慰问、吊唁本身并不是找快乐的一项活动，最重要的是情感交流。慰问方、吊唁方都不是整个活动中最难过的人，被慰问的才是。在这种场合，要如何表达情感打动在场的他人呢？

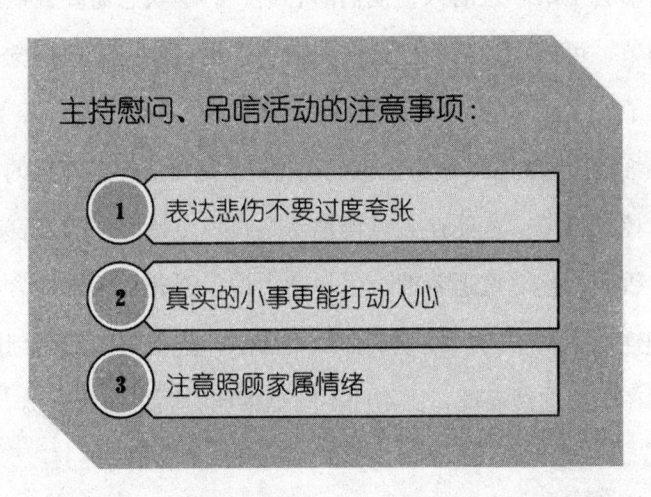

主持慰问、吊唁活动的注意事项：
1. 表达悲伤不要过度夸张
2. 真实的小事更能打动人心
3. 注意照顾家属情绪

图 6-1 主持慰问、吊唁活动时需要注意的事情

既然你不是最难过的，涕泪横流这样的戏码最好不要出现。如果你表现得比被慰问的人还要难过，对方要以什么样的表情面对你呢？有人觉得，如果不表达自己的情感，很难将这样的活动主持好，

继而打动他人。其实，打动人的方法有很多，只要抓住细节就能做得很好。

细节主要体现在哪些地方呢？想要证明你真的关心他、懂得他，不需要说明他到底做了什么大事、多少震撼人心的事情——这些事情广为人知，到场的每个人都能说出几件来，最能打动人心的是那些温暖、动人的小事。

小事往往更能看出个人的品行、精神世界。如果我们能说出几件小事来，不仅能显得你与众不同，更能展示你是真的懂他、关心他，而不是在他离开这个世界时为了吊唁而去了解的。

对待被慰问方，逝者的亲属同样要注意细节，他们是整个慰问会、吊唁会上最难过的人，他们的心情、心理状态需要被照顾。不注意细节，可能会放大他们悲伤的情绪，也可能会让他们觉得自己被冒犯了。

在细节上做到位，小事上也能做得好，是更能体现尊重的行为。只有掌控好细节，才能让人觉得你不是在说空话，你的发言有真情实感。否则，你尊重逝者的一生，嘴上说得天花乱坠去怀念、想念他，却连他生活中的一件小事都说不出来，连他的亲属受到的伤害也毫不在乎。这种表现，比不闻不问更糟糕，而且为人虚伪。

◎ 要触发共鸣，更要把握尺度

任何事情都要讲尺度，慰问、吊唁为主题的活动，以情动人、引发共鸣是最好的做法。但如果不能把握好尺度，反而有弄巧成拙的可能。

真情流露，是最好引起他人共鸣的方式。人是群居动物，这就决定了彼此之间有着非常强的依赖性。你的情感能有效地感染他人，哭泣、感动、怀念、悲伤都能改变现场气氛。当你开始表达情感时，如果没注意好尺度，他人达不到你的情感状态时，现场气氛就会有些尴尬。

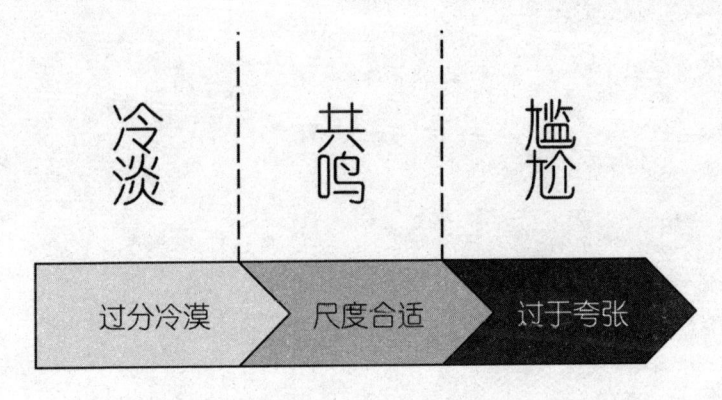

冷淡　　共鸣　　尴尬

过分冷漠　尺度合适　过于夸张

图 6-2　情绪表达适度才能引起共鸣

场景致辞与即兴发言

某公司领导去世一周年，公司选择在这位领导忌日的时候祭奠。某下属作为这场会议的主持，在台上想起老领导的好，痛哭流涕，几欲昏厥。台下，老领导的妻子、孩子，心中的悲伤随着一年时间的流逝并没有如此强烈，虽然也流下了眼泪，但与台上表现十分夸张的主持人形成鲜明的对比。

这种情况，就是主持人寻求共鸣尺度的问题。你可以表达悲伤之情，但要在合理的范围内，不是越夸张越好。太过夸张，超过合理的程度，就有些表演的意思。

在吊唁、慰问活动中，主持人应是那个最有自控能力、最冷静的人，不仅要发言，还要控制好整个活动流程。如果连主持人都失控了，现场必然出现混乱的局面。由于主持人失控，吊唁变成哭灵的现场也时有发生。这就是寻求共鸣没有把握好尺度的原因。

无论你的情绪多么激动，你多么想感染他人，也要牢记自己的身份，你是主持人而不是当事人。当事人可以尽情挥洒情感，不在意尺度也不会引起他人的反感，更不会让人有表演的感觉。

◎ 慰问家属范文：增强归属感与亲近感

> 讲话技巧

慰问家属一直存在一个问题：你在慰问家属的时候，究竟是什么身份？你慰问的可能是同事的家属，或者某个做出卓越贡献但是陌生人的家属，对本人尚且不算熟悉，更何况是没怎么接触过的家属？

慰问的主体，是家属而不是别人，家属的态度是最重要的。为了赢得家属的认可，必须增强与家属的亲切感。

增强与家属的亲切感，要寻找双方的共同点。人与人的差距说来很大，但总会有些千丝万缕的共同之处。人们靠血缘关系判断自己与谁更加亲密，实际上，随便从大街上找两个人，基因的相似度也有 90%。可见，找到共同点不是难事。如何选择切入点，产生的影响会截然不同。

如果你选择的是社会角色，效果不会太好。在同一地方工作，或是从事相同类型的工作，虽然会让对方产生亲切感，但不会太多。家庭角色比社会角色更容易重合，毕竟所有人都是别人的儿女，大多数人是别人的父母，有兄弟姐妹的也不罕见。这样的角色，反而更能让人产生亲近的感觉。

效果最好的是共同经历。如果说有什么能决定个人的身份，一定是他的经历、记忆。如果你能找到与对方相同的经历，自然说明双方在某些观点、习惯上有很多共同点，更别说慰问家属本身就是怀念过去多过畅想未来的活动。

范文一

尊敬的领导，亲爱的同事：

大家晚上好！

我们中国人很看重"家"，因为家是我们挡风遮雨的港湾，它能够给人带来温暖、安全感、归属感。在××企业的每个员工都有两个家，一个家里有你和亲人，一个家里有你和各位同仁。

今天，××企业将您的两个小家变成一个大家，诚邀您带着家属参加此次慰问活动，让您和家属感受到来自两个家的温暖和归属感。

此次活动恰逢冬季，寒风凛冽之中急需温暖，所以"送温暖"特别符合此次慰问活动的主题。

这次慰问活动有两个环节：第一个环节是文艺演出，用精彩的表演送给大家欢乐；第二个环节是"送温暖"，会以抽奖的方式给大家送去能够带来温暖的礼品。

接下来，让我们欣赏文艺表演。开幕式表演来自××舞蹈团，表演的舞蹈为……现在，所有的节目已经表演完毕，让我们再次感谢每位表演者，感谢他们在寒冷的冬天给我们带来如此精彩绝伦的演出。接下来，进入大家期待已久的第二个环节，抽奖得大礼。

抽奖之前，我先介绍下今天的奖品：一等奖×个，奖品为××；二等奖×个，奖品为××……五等奖×个，奖品为××。没有抽到奖品的人也不要沮丧，因为公司还为大家准备了其他礼品。

我们先来抽五等奖，获奖者为××、××，有请几位获奖者上台，请领导××颁奖……

此次"送温暖"慰问活动的抽奖环节已经结束，整场慰问活动也临近尾声。我相信，在座的每一位都感受到××企业为您送去的温暖。未来，我们将与××企业携手共进，期待××企业越来越好。

谢谢大家的参与！

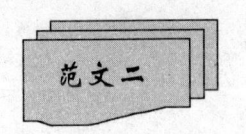

范文二

各位领导、各位同事、各位家属：

大家好！

今年是××有限公司成立×年。过去每逢辞旧迎新之际，公司都会举办年会。今年的年会有所不同，我们邀请到每位员工的家属来参加，或许将其改为家属慰问会更合适，因为今天的重点是我们在座的每位家属。

××有限公司成立于20××年×月×日，经过×年的发展，从几个人的小公司发展成拥有几百名员工的大公司，经营收入破亿。它能够获得这么令人瞩目的业绩，靠的是每位员工的努力。

每位优秀员工的背后，离不开家属的鼓励与支持，在他们为公司的发展付出心血时，是你们在操持着家庭琐事。所以，××有限公司感谢在座的每位家属，是你们为公司培养出一位位吃苦耐劳、敢于迎难而上的好员工。公司能发展得这么好，也有你们的一份汗水。

这次年会上，我们不仅会为员工颁发年终奖，也会为在座的家属们颁发慰问奖。下面，正式进入颁发家属慰问奖环节。

…………

因为家属们默默无闻地付出，员工们才能无后顾之忧地在公司冲锋陷阵。滴水之恩，应当涌泉相报。未来，公司将以员工为本，以作为员工家属的您为本，以后的每年都会为员工家属送上各种福利。

◎ 慰问病人：多点鼓励，适度关心

讲话技巧

病人最需要的什么？每个人都有自己的想法和答案。最常见的，就是关心和鼓励。实际上，很多人在生病的时候不需要太多的关心，鼓励倒是多多益善。除了关心和鼓励外，期待也是他们需要的。

人人都想要健康，越是年纪大越容易生病，越能察觉到健康的可贵。对于卧病在床的人来说，能够像普通人一样无病无灾回归正常的生活，才是他们最想要的。过度地关心，反而让他们觉得自己得到区别对待，被当成了弱者。

很多疾病会影响人们的正常生活，如果病人因某些情况不能回到正常的生活当中，多一些鼓励，才能让他们更有勇气面对生活，恢复患病之前的生活状态。

期待，是针对那些因疾病与社会隔离了一段时间的病人。每个人都有自己的社会属性，大多数人害怕孤独、与社会脱节。最开始离开自己的社会位置时，他们会担心自己负责的那个小零件能否正常运转。时间久了，他们反而开始担心自己离开这么久，是否已经失去原本的社会位置，被他人替代了。

表示期待，能够让他们知道自己的位置还在，至少自己仍然被需要。这种期待，远比关心的话来得更有价值、更有意义，也能提供更多的动力。

范文一

尊敬的×组长：

您好！

×月×日，您在岗位上病倒，距今已有×天。公司的几位领导在您的身体抱恙当天就得到了消息，他们非常关注和重视，一边叮嘱我们及时上报您的病情变化，一边叮嘱公司要为您提供各方面的帮助。好在经历了两场手术后，您的病情已经稳定下来，目前已无大碍，这真的是个好消息。

我们知道，您是一名对工作特别认真负责的员工，非常关心公司的发展。几位领导特地吩咐我们，要向您汇报您不在的这段日子公司的发展与营收状况。

您生病入院的这段日子，公司稳定向前发展。您生病前接手的项目，公司领导经过商议后并没有转给其他组，而是由您组下职员按照您的策划继续跟进，最终也顺利与××公司合作、签约，为公司带来数千万元的盈利。到今天，公司的营收为×亿元，比去年增长10%，并且获得"文明企业""先进企业"等多项殊荣……了解到公司的发展稳定后，相信您会安心很多，将主要精力放在安心养病上。

长风破浪会有时，直挂云帆济沧海。公司领导和所有同事真心地期待您能够早日回归岗位，待您回归后，相信公司会迎来更大的发展机遇。

祝您早日康复！

范文二

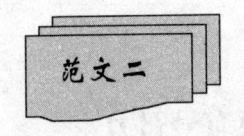

尊敬的病友们：

大家新年好！

在春节即将来临之际，××医院的全体医护人员提前祝你们春节快乐，也祝愿你们早日恢复健康，早日出院。

各位病友们，你们或许来自五湖四海，或许患的病症各不相同，但来到××医院的目的是一致的，希望自己的身体恢复健康。对你们来说，你们能够在××医院共度新年，这是一种缘分，虽然这种缘分让人说不准是好是坏。但对××医院来说，能得到你们的信任却是一种荣幸。这份荣幸会化为我们的压力和责任，鞭策××医院继续向前发展。

××医院经历几十年的发展，从一家拥有几十名医护人员的小医院，发展到现今拥有上千名医护人员的大医院，定会不辜负你们的信任，每年不仅会派在职医护人员进修学习，也会引进高级先进的新医疗器械……

回首往昔，我们感慨；展望未来，我们信心满满。请你们与××医院携手与病魔做斗争，一起打败它。为了让各位病友感受到新春的喜意，××医院特地为你们准备了新春小礼物，食堂的工作人员也为你们准备了丰富的新年美食。

这个春节，你们虽然是在××医院度过的，但感受到的喜悦一点儿都不会少。

◎ 慰问一线工作者：能共情，你的话更有号召力

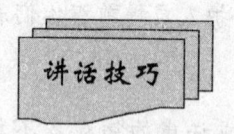

讲话技巧

提到"一线"这个词，首先进入你脑海的是什么呢？是辛苦劳累、事务繁忙，是委屈、痛苦，还是巨大的压力？其实，这些都会出现在一线工作者身上，他们最辛苦、最繁忙，忍受了最多的委屈和痛苦。

接受慰问的时候，相比冠冕堂皇的赞扬，一线工作者更喜欢有人知道他们到底经历了什么，面对了什么，真实状况是什么样的——比起赞扬，他们更需要的是理解。

如何表达我们的理解呢？最好的方式自然是共情。我们可以讲述其他岗位、其他地区、其他时间一线岗位人员身上发生的故事，也可从在场的一线人员身上找故事作为素材。

不过，我们可以表达理解，但最好不要表现出强烈的感同身受。他们需要理解，不代表你说自己感同深受就能感动他们。特别是你不在一线的情况下，仅仅凭借语言根本不能真正体会他们的感受。强行共情，只能招来鄙视。

范文一

尊敬的奋战在一线的同志们：

大家好！

×市地处长江中下游，是洪涝的重点灾区。每年雨季来临时，×市都会受到洪涝的困扰和威胁。就像去年，因为雨季持续时间过长，连续多日的大雨令长江上游水库爆满，不得不泄洪引流。这致使位于长江中下游的×市的水库水位上升，多个大坝破堤，多个县镇陷入洪涝，令人民的生命受到威胁、财产损失严重。

现在又将步入雨季。气象专家预估，今年的雨季将比去年要长，这意味着×市遭遇洪涝的威胁更大。过了今日，同志们即将被分配到×市的各个乡镇，奋斗在第一线，驻扎在水库堤坝上。

雨季的夜晚是寒冷的，驻扎在水库堤坝上的日子是危险的。但正是因为你们无私的付出与奉献，×市的人民才能高枕无忧，孩子们才能无忧无虑地上学、玩耍。临行前，我们特地举办这场活动，慰问即将远行奋斗在一线的工作者们。

下面，让我们用热烈的掌声欢迎出席此次慰问活动的领导，他们是××、××……今天的慰问活动主要有三项议程。

第一项议程是领导讲话。

第二项议程是奋斗在一线的代表发言。

第三项议程是给奋斗在一线的同事们发放必需品。

（三项议程结束）

场景致辞与即兴发言

　　同志们，这次慰问活动到此结束。希望同志们抵达一线后，不仅要认真对待工作，也要注意自己的身体健康。待你们胜利归来，我们再欢聚一堂，为你们庆功。

范文二

尊敬的领导、奋战在一线的消防队员们：

　　大家晚上好！

　　欢声笑语贺新春，欢聚一堂迎新年。在人人团聚一堂喜迎新年时，在××消防单位工作的领导、消防队员仍然奋战在第一线。在此，我们向每位可爱的消防工作者致以崇高的敬意，感谢你们将青春奉献给了单位，为人民的团聚默默无闻地付出着。

　　在这隆重喜庆的节日，××文工团向坚守在一线的你们表示亲切的慰问，向大家致以新年的祝福，祝愿您阖家幸福美满、岁岁平安。

　　此次慰问活动，一是给大家带来精彩的演出，二是给大家送来新年礼物。

　　下面，请先欣赏××文工团的表演。开幕式表演为歌舞，表演者为……

　　（节目表演结束后）

　　时间总是那么短暂，一晃眼，精彩的演出就结束了。让我们用最热烈的掌声感谢文工团演员的精彩演出，接下来进入第二环节，为奋斗在一线的消防工作者颁发新年礼物。

（颁发礼物结束后）

礼物虽轻，但心意重于千金，希望小小的暖手宝能够温暖到您的心。至此，今天的慰问活动到此结束。我们再次向所有奋斗在一线的工作人员表示祝福，祝愿你们新年快乐、万事如意。

◎ 吊唁主持范文：控制好情感的宣泄

讲话技巧

吊唁是一项非常特殊的活动。有人认为，吊唁应是大家思念逝者、宣泄情绪的场合。其实不然，吊唁最主要的目的是让大家见逝者最后一面，为到场的亲朋好友总结逝者的生平，在最后时刻全面了解逝者并在心里留下印象。这个印象，往往不会再被改变，也就是人们所说的盖棺定论。

每个人都有自己的社会定位和家庭定位，在场的每个人，与逝者相识的场合、原因各不相同。一千个人眼中有一千个哈姆雷特，放到现实中同样如此——从个人的角度看，我们看到的都是不同的人。

也许在儿子的眼中，逝者是个马虎的父亲；在妻子眼中，是个很豪迈的丈夫；但在领导、同事的眼中，他可能是严谨、认真、可靠的同事。

亲朋好友吊唁的时候，逝者为他们留下的最后印象是什么？是否真实、完整呢？这一切可能掌控在到场的每个人手中，特别是引导这一切的主持人。主持人可能没有义务为到场的所有人还原逝者最真实的样子，但如果这样做，能让他的吊唁主持做得更好。

范文一

尊敬的来宾：

大家晚上好！

今天，××先生与这个世界说再见了，我受××先生家属的委托，带着无比沉重的心情主持这场吊唁。在这里，我向每位在场和不能到场的亲朋好友表示最真诚的谢意，感谢你们能够送××先生最后一程。

78年前，××先生来到这个世界。为了科学发展，他毅然投身科学界，默默奉献出50多年的光阴。××先生一生获得了无数殊荣，如××科技奖、××发明奖……可以说，他是一位当之无愧的科学巨人。这位巨人于20××年×月××日××时与世长辞，享年78岁。

春蚕到死丝方尽，蜡炬成灰泪始干。在××先生离世的前一刻，他仍然不忘科学研究，嘱咐儿孙整理和保存好他的研究成果。

人有悲欢离合，月有阴晴圆缺，天下无不散之筵席。××先生虽然去世，但他慈祥的面容、对工作认真谨慎的态度，将永远留在我们及他的儿孙们的心中。在此,也希望××先生的儿孙们能够化悲伤为动力,继续延续××先生为人处世的态度。我们相信,××先生的在天之灵会保佑在座的每位亲朋好友平安喜乐。

最后,恳请各位亲朋好友起立,让我们为××先生的离世默哀3分钟,祝愿他前往天堂的路上满是光明与鲜花。

范文二

尊敬的各位亲朋好友:

晚上好!

今天,我们每个人都怀着沉重的心情来到这里,参加××女士的遗体告别仪式。

××女士在10年前患上××疾病。这些年来,她一直在与病魔做斗争。××疾病给××女士带来很大的痛苦,但是××女士带给我们的却是坚强、勇敢和乐观。但××女士还是没能战胜病魔,于20××年×月×日于××医院因抢救无效,与世长辞。

××女士的离世,留给了我们伤痛,但时间是最好的疗伤药。对××女士来说,也许死亡是解脱,因为天堂里没有痛苦。

今日,前来祭悼并敬献花圈的有:××有限公司代表、××先生、××女士……

接下来,由家属吊唁答谢。

(家属答谢完毕)

下面,由××女士的亲朋好友代表致吊唁辞,首先是××女

场景致辞与即兴发言

士所在单位的领导××先生。××女士生前，××先生对她颇为关照，在××女士患病期间给了她很多帮助。我们有请××先生。

（××先生致吊唁辞完毕）

下面，请大家保持肃静，××女士的遗体告别仪式现在开始。

请大家为××女士的离世默哀3分钟（奏哀乐）。

请大家一一吊唁××女士（送菊花）。

一鞠躬，二鞠躬，三鞠躬。

◎ 悼念活动主持范文：庄严肃穆，拒绝浮夸

讲话技巧

悼念活动是一件非常庄严肃穆的事情。无论要悼念的是默默无闻的普通人物，还是为国为民英勇牺牲的英雄，从本质上说，这件事情都是十分严肃和沉痛的。所以，主持悼念活动时，无论你的讲话风格是什么样的，都要营造和保持好庄严肃穆的气氛，千万不要弄出"合家欢"的喜庆感。

还要注意的是，很多人主持悼念活动的时候，为了营造气氛引起人们的情感共鸣，往往会加入一些比较煽情的发言。这原本无可厚非，但很多主持人在煽情的时候却没有把握好这个"度"，煽情

弄得非常浮夸。结果，煽情没把"情"煽起来，反而弄得很尴尬。

煽情性发言不是不可以，但一定要建立在实际情况基础之上，符合当事人的角色身份和社会定位。比如，悼念世人皆知的英雄人物时，你可以列举他的功绩，强调他的伟大和对人民、国家做出的贡献。即使用比较夸张的方式赞颂他，也不会显得虚伪，因为其功绩和知名度足以撑起这样的赞扬。如果把这些赞美的言辞用在平凡人的身上，就显得过于浮夸，缺乏真情实感。

所以，一定要记住，煽情性发言要建立在真实性之上，只有恰到好处地煽情，才能真正调动人们的情绪，引发人们的情感共鸣。

很多悼念活动是有既定流程的。活动主持必须在发言时把此次悼念活动的任务和流程讲解清楚，掌控好活动节奏。简单来说，我们就像整场活动的指挥者和调度员，需要引导人们按照活动流程走下去，并确保活动顺利进行。

范 文

尊敬的各位来宾、各位亲朋好友：

大家下午好！

我是这场悼念活动的主持人××。

今天，我们怀着缅怀之情齐聚一堂，参加×××先生逝世一周年纪念活动。在这里，我首先代表主家，向前来参加活动的所有亲朋好友以及来宾表示诚挚的谢意！谢谢你们还记得×××先生，愿意一同来到这里，一起回忆×××先生生前的点点滴滴。

场景致辞与即兴发言

今天，距离×××先生离世已经一周年。一年前的今天，饱受病痛折磨的×××先生因抢救无效永远闭上了眼睛，离开深爱他的家人、朋友。人这一生，但凡涉及生死的事情都是这么无奈，令人悲痛不已。

如今，眼泪已在岁月深处流尽，悲伤已经渐渐被时间磨平，但我们对×××先生的追忆与怀念依然没有减少。一年后的今天，我们再次在这里回忆×××先生平凡而伟大的一生，缅怀他人生道路上的点点滴滴，以寄托无尽的哀思。

×××先生的一生是平凡的，也是勤劳、奋斗的。他为人谦恭，风趣幽默，乐观向上。他的身材不算高大，却稳稳地扛起作为父亲的责任，拉扯三个子女长大成人。他生于微末，家境贫寒，却以勤劳的双手为妻儿创造了丰沃的生活。他学历不高，做着最平凡的工作，却兢兢业业赢得了领导与同事的广泛赞誉。

如今，距离这位平凡而伟大的老人离世已经一周年。可以欣慰的是，他的三个子女已经从悲痛中坚强地站立起来，拥有了幸福的家庭。这对一位父亲而言，或许已经是最好的消息！

虽然×××先生已经逝去，但他永远活在我们心中！

"云山苍苍，江水泱泱，父母之德，山高水长。"父亲就像一座灯塔，永远照耀着孩子前进的路。

最后，允许我在此代表主家，祝在座的各位身体健康、万事如意。活动过后安排了便餐，如有招待不周之处还请多多包涵。

◎ 清明节扫墓献词：寄哀思，表怀念，诉情感

讲话技巧

清明节是中国的传统节日，人们的主要活动是扫墓，怀念逝去的亲人、朋友。然而，这些行为不能完全代表清明节的全部内涵——如果在清明节扫墓献词时只是寄托哀思、怀念逝者，就有些顾此失彼。

清明节也是一年中生机逐渐旺盛、新生事物开始蓬勃发展的时候。吐故纳新，春和景明，也是清明节的主题。因此，在清明节寄托哀思时，以下两点是清明扫墓献词中的必备内容。

第一，汇报过去一年取得的成绩。没有先人的奉献，就没有我们如今的生活。中国社会人与人之间的联系远比西方国家更加密切，特别是老一辈传承给新一辈的宝贵财富，不仅有人生经验，还有面对人生的精神和态度。继承这些财富的新一辈人，究竟在过去一年里取得了怎样的成绩呢？清明节就是个汇报的好时机。

第二，我们对逝去的老一辈表示怀念，对新一辈自然有新的要求、新的期待。在清明节扫墓的时候，将目光全部放在逝者身上是不对的。新一辈的人从老一辈人身上学到哪些东西，接过哪些东西，

继承哪些东西，最后达成怎样的目标，取得怎样的成果，也应成为清明节献词的主题。

范 文

各位领导、同志们：

大家上午好！

时光荏苒，岁月如梭，生活在和平年代的我们，永远不会忘记70多年前在战火纷飞的年代，为祖国的解放与人民的幸福，不惜抛头颅、洒热血、舍生取义的革命先烈们！

那时候，他们用青春与热血在祖国的大地上写下无数壮丽的诗篇，创造了无数可歌可泣的故事，为祖国与人民铺就了光明、和平的未来。历史会铭记他们，我们更加不会忘记他们。

今天，伴随清明时节的清冷细雨，我们怀着无比崇敬的心情来到这里，来到这苍松掩映、庄严肃穆的烈士陵园，对曾在历史长河中为中华民族解放事业做出伟大贡献的革命先辈，表达沉痛的悼念以及无比的敬仰与缅怀之情。

这次活动既是对历史、先烈们的缅怀，也是一次爱国主义教育，具有非常重要的意义。

本次活动共有三项议程：

第一，向革命烈士纪念碑献花。

第二，请退休干部、老革命×××同志致辞。

第三，在革命烈士纪念碑前重温入党誓词。

现在，悼念革命先烈仪式正式开始！

春风送花表哀思，青松滴翠寄深情。无限哀思无限情，英雄墓前祭英雄。首先，让我们有请×××领导代表全体同志向革命烈士纪念碑献花，所有人员脱帽默哀1分钟。

（献花、默哀完毕）

虽然先烈宝贵的青春与生命早已消逝在时间的洪流中，但他们的精神永远活在每个中国人的心中。他们坚定的信念、执着的追求，对祖国与人民深沉的热爱，都将激励着我们开拓更加美好、辉煌的未来！

下面，有请老革命×××同志上前致辞。

（致辞完毕）

让无限的哀思化作坚定的信念，让我们继承先烈的遗志共同努力、奋斗，开拓更加美好的明天，将祖国建设得更加强大！

现在，请所有同志举起右拳，在革命烈士纪念碑前重温入党誓词！

（主持人领读入党誓词，其他人员跟读）

希望在今后的日子，每个人都能牢记今天的誓言。先烈虽然已经长眠地下，但他们的精神是不朽的，他们的伟大事迹将牢牢镌刻在历史的书卷上，影响一代又一代的中华儿女。

现在，我宣布，今天的悼念革命先烈仪式正式结束。谢谢大家！

/PART 7/ 婚礼庆典主持：给人欢乐，锦上添花

作为人生四大喜事之一的婚礼，热闹、喜庆才是婚礼上应该出现的氛围。但是，婚礼的主角永恒不变的是新婚夫妻，任何人都无法抢他们的风头。主持人要注意不可喧宾夺主，只有做到锦上添花才是一场成功的主持。

◎ 风格幽默，把气氛推向高潮

从古至今，人们对于喜事的要求总是红红火火、热热闹闹。古代总结了人生的四大喜事：久旱逢甘霖，他乡遇故知，洞房花烛夜，金榜题名时。其中，洞房花烛夜是大多数人一生只有一次的大事，是影响人生未来走向的庆典。因此，新婚典礼是人们一生中最重视的场合之一。

在人生最值得庆贺的日子，在为数不多能称为"大喜"的日子，主持人自然要将气氛搞得喜气洋洋，让气氛始终在欢乐的高点上。所有的主持人知道，这一天要使用幽默的语言风格，用到场宾客的笑容为婚礼锦上添花。婚礼上，双方家族的宾客里自然有各种各样的人。越是幽默的语言，越是不能以冒犯他人为基础。这一点，在婚礼主持上要注意。特别是有几类玩笑，在婚礼上是不能开的。

第一，性别笑话。很多性别笑话存在对性别的偏见和刻板印象。新婚这样的大喜日子，不仅象征一对男女变成一家人，两个家族彼此接触、熟悉、融合，从根本上说，更是一男一女走到一起的仪式。在这个场合，利用性别的刻板印象来讲笑话显然会冒犯到他人。

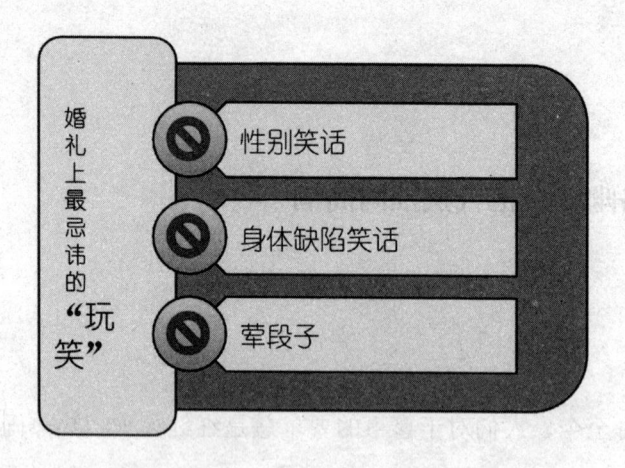

```
┌─────────────────────────────┐
│         ⊘ 性别笑话          │
│ 婚礼                        │
│ 上最  ⊘ 身体缺陷笑话        │
│ 忌讳                        │
│ 的"玩  ⊘ 荤段子             │
│ 笑"                         │
└─────────────────────────────┘
```

图 7-1 婚礼上这些"玩笑"不能开

第二，身体缺陷笑话。这种笑话在任何公开场合讲都是不合适的，但有些主持人觉得个人婚礼不算大场合，虽然没有刻意去讲，但不会收敛——有时候，当成笑料随口就说出去了。

婚礼当天，宾客云集，你不可能认识每个人，更不可能知道每个人的情况。或许谁的身上就不是很便利，或者家中有受到困扰的亲人，这样的笑话同样会让人感到不适。

第三，荤段子。荤段子究竟是否受欢迎，这个问题仁者见仁、智者见智。喜欢荤段子的人觉得没什么大不了的，不喜欢荤段子的人，无论在什么场合听到都觉得罪不可恕。

事实上，在某些热闹、传统气息十足的婚礼上，荤段子相当有市场。对于那些仪式隆重、地点考究的婚礼，则没有人喜欢。如果你不能判断当前的场合是否适合说荤段子，最好的选择是不说。

婚礼庆典需要喜庆，需要欢乐，需要一直拥有快乐的氛围。这种氛围是婚礼本身就拥有的，主持人的幽默只是为这种气氛锦上添花。如果没有把握一定能锦上添花就不要贸然开口，免得锦上添花不成，反而成了火上浇油。

◎ 不冷场，也不要喧宾夺主

婚礼是热闹的。提到热闹，你脑海中出现的场景是什么？人声鼎沸、欢声笑语、人头攒动、熙熙攘攘……这些都是热闹的表现，是婚礼上可能出现的场景与画面。

但是，这些画面加上鸦雀无声，效果如何呢？婚礼上唯一可能鸦雀无声的时段，就是新郎与新娘交换戒指、亲吻彼此的时候。虽然没有声音，但绝对不是冷场。这时候，宾客心中充满祝福、羡慕、感动等情绪，与冷场不一样。

一场婚礼中，绝对不该出现冷场。保证婚礼不冷场，是主持人的主要作用。那么，要如何才能做到婚礼全程没有冷场呢？这不是简单地记牢流程、到什么时候说什么话就可以的。

人生中总会有意外，婚礼是大喜的日子，但发生事故的概率也挺高。虽然不是什么大事，但主持人原本计划好的台词、流程、时长也会发生变化，出现真空期。这段真空期难以预计什么时候出现、在什么场合出现，想要提前准备应对方案不那么容易。这时候，就要考验主持人随机应变的能力。

以下两个方法,可以让你有效填补真空期,避免冷场。

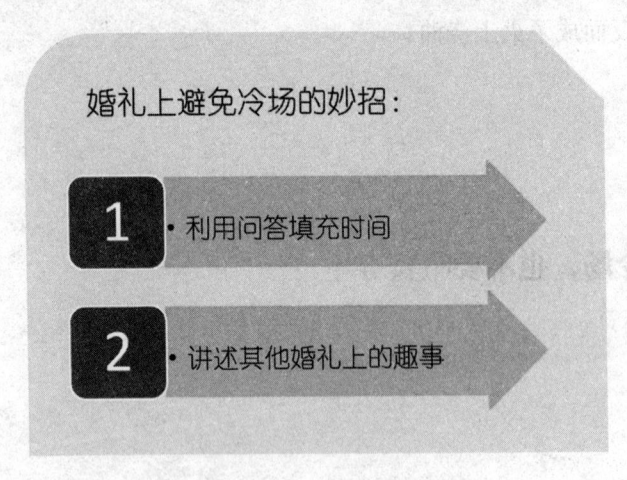

婚礼上避免冷场的妙招:

1. 利用问答填充时间

2. 讲述其他婚礼上的趣事

图 7-2　如何避免冷场

第一种,利用问答填充时间,避免冷场。 婚礼当天,到场的还有双方的父母、长辈以及亲朋好友。发生一些让婚礼没办法准时按照流程走下去的状况,可以找些简单的问题询问有空闲的一方。如果双方都没有空闲,也可以采访双方的父母、亲友。问题不用精挑细选,可以问问他们当下的心情、对新生活的期待或要求等。

第二种,讲一些自己在其他婚礼上遇见的趣事。 作为主持人,自然不会只有这一次主持婚礼的经验。为了应付真空期,在典礼上向大家讲述一些在其他婚礼上见到的趣事,缓和新郎、新娘、双方父母和长辈紧张的神经,也是个不错的选择。

讲述在其他婚礼上遇到的趣事,要尽量讲好的、感人的事情,而不是糗事。当你讲述在其他婚礼上遇到的糗事时,对方也会想,你会不会在其他婚礼上也讲他们的糗事,进而质疑你的职业操守、主持能力。

◎ 婚礼主持范文：妙语连珠，让浪漫升级

讲话技巧

为了调动婚礼现场气氛，负责主持的司仪通常会说一些比较有意思的俏皮话或打油诗，贴合婚礼气氛的同时，又让人忍不住会心一笑。

很多俏皮话和打油诗虽然有一定的套路，但使用时也需要根据现场状况进行选择或调整。只有当这些俏皮话和打油诗能够完整地贴合现场情况，才能达成我们需要的效果。

比如，在春节期间举办一场婚礼，司仪开场时说："风雨送春归，飞雪迎春到，在这春光明媚的季节……"如果最近确实下过雪，这样的开场无疑非常贴合，不会有任何突兀的感觉。如果举办婚礼的地方气候比较暖和，根本不会下雪，这样的开场显然与实际情况不符，难免会给人一种"套路"的感觉。

那么，主持婚礼时，司仪应该注意哪些问题才能做到妙语连珠，把气氛炒起来，让婚礼现场浪漫升级呢？

首先，婚礼主持词一定要雅俗有度，不能为了追求有趣或好笑的效果，就完全不顾婚礼本身的浪漫气氛。

场景致辞与即兴发言

其次，婚礼主持词要突出"情"，不仅是爱情，还有亲情和友情。只有兼顾所有的"情"，婚礼才会圆满。

最后，把握时间。通常来说，主持婚礼的发言时长控制在20~30分钟是最让人感到舒服的。时间太短不免让人觉得不够尽兴，时间太长则可能让人感到啰唆，甚至有抢新人风头的嫌疑。

范　文

各位来宾、各位朋友，女士们、先生们：

大家好！

欢迎来到×××酒店，参加×××先生与×××女士的结婚典礼。我是主持人×××，非常荣幸能在这个美好的日子，为两位新人主持这场幸福美满的婚礼庆典。首先，请允许我代表二位新人向各位来宾表示由衷的感谢和热烈的欢迎！

爱情是美好的，婚姻是神圣的。今天，这对相爱的璧人携手走入婚姻的殿堂，为浪漫的爱情戴上责任的桂冠，升华为神圣的婚姻。这样美好的结合，无疑是所有人喜闻乐见的，最激动、最高兴的莫过于这对新人的父母双亲。

天下父母对孩子最大的期盼，莫过于八个字——平安喜乐、有所依靠。今天，四位老人总算得偿所愿！让我们用热烈的掌声，欢迎新郎新娘的父母走上典礼台，为这对新人主婚！

（新郎、新娘父母上台）

（婚礼进行曲奏响）

让我们再次用热烈的掌声请出我们帅气的新郎!

(新郎上台)

红杏枝头春意闹,玉栏桥上伊人来。看,那身披洁白婚纱,款款向我们走来的人,正是美丽幸福的新娘×××女士。

请新郎上前,迎接你美丽的新娘。

可以看到,我们的新郎官笑得确实非常开心,甘心情愿做新娘的"护花使者"。

死生契阔,与子成说;执子之手,与子偕老。今生既然已经牵起她的手,就要紧紧抓牢,再也不要放开!掌声响起来,让我们共同祝福这对新人,幸福美满、白头偕老!

婚礼是爱情的里程碑。相比爱情,婚姻更多了一份责任与担当。今天过后,我们的新人即将组建自己的小家庭,这个小家庭除了需要二位新人共同努力维系外,还应得到法律的承认与保护。为此,我们特意邀请来自×××事务所的×××先生作为新人的证婚人。掌声有请证婚人上台为新人证婚,并颁发结婚证书!

(证婚)

如果说这个世界上会有人无条件地爱你,为你付出一切,这个人一定是你的父母。父母给了我们生命,陪伴我们成长,最后见证我们的幸福。在人生最重要的这个时刻,父母自然是最不能缺席的见证人。现在,请新郎新娘上前一步,面向我们的四位主婚人!

首先,请新人向父母行答谢礼:

一鞠躬,感谢父母给予我们宝贵的生命;

二鞠躬,感谢父母养育我们成长;

三鞠躬,感谢父母一路相伴,愿今后的日子里,父母能幸福美满，尽享天伦。

请新人面向彼此站好：

一鞠躬，夫妻恩爱，一体同心；

二鞠躬，相伴相依，二心合一；

三鞠躬，相濡以沫，缘定三生。

请新人交换戒指，从此相亲相爱，不离不弃，无论贫穷还是富贵，无论健康还是疾病，都将紧紧握住彼此的手，面对生活的一切风霜雨雪，相依相伴，直至永远。

各位来宾，各位朋友，请牢牢记住，今天是公元20××年×月××日，现在是北京时间××点××分。就在这一刻，我们见证了眼前这对新人，怀着两颗彼此相爱的心，牵起彼此的手，互相许下婚约，从此相濡以沫、不离不弃。

朋友们，让我们再次用热烈的掌声衷心祝福这对新人，恭贺他们完美地结合，祝福他们拥有美好的未来！

◎ 集体婚礼主持范文：祝福很重要，气氛更重要

讲话技巧

集体婚礼是一种庆典新方式，越来越受到年轻人的青睐和欢

迎，因为这热闹的气氛、浪漫的氛围太适合年轻人的口味了。那么，主持集体婚礼时，主持人需要注意些什么呢？

首先，集体婚礼最大的魅力在于喜庆热闹的气氛，所以主持集体婚礼的时候，主持人除了要体现出高超的口才外，还要更亲切自然，这样才能把气氛搞上去。

其次，我们要知道，无论什么时候，风趣幽默都是最好的气氛调剂品。所以，介绍新人的时候，主持人可以用风趣幽默的方式，给新人送上最真切的祝福，还可以在婚礼中添加幽默有趣的活动，如传统的对拜、叩首以及西式的接吻、抱新娘比赛等。

此外，说祝福的话时，主持人要注意别说太多的套话，自然发挥，再添加一些幽默，更能让听众产生共鸣，让气氛热烈起来。

最后，朗朗上口、优美的古诗词，可以让你的话语听起来更有节奏美。古诗词的浪漫底蕴与婚礼的气氛十分融洽，无形中为主持人的发言增添了一些文化内涵。

范文一

尊敬的来宾，亲爱的女士们、先生们：

大家上午好！

今天，在××这个特殊的地方，"情定×× 真爱永恒"大型集体婚礼庆典仪式隆重举行！在这激动人心的时刻，首先，我很荣幸地向大家介绍出席今天婚礼庆典仪式的领导及嘉宾，让我们对他们的到来致以热烈的掌声！

现在，有请参加今天婚礼的百名新人，伴着婚礼进行曲走上红地毯，签上同心名，走进神圣的幸福殿堂。

1号新郎、新娘，怀着一颗感恩的心，××先生和××小姐走上神圣的婚姻殿堂。今天的他们是如此幸福，你听——他们发誓要相守一生，永不分离。

2号新郎、新娘，彼此的吸引使他们牵手走到这里。他们有着共同的爱好，也有着共同的目标，爱情誓言是：愿为双鸿鹄，比翼共翱翔！

3号新郎、新娘，一路坎坷，一路欢乐，一路付出，一路收获。当这对有情人携起双手，展现在他们面前的将是幸福美满的生活。

…………

百名新人已经走过红地毯，踏上人生的神圣殿堂。人们为你们欢呼，广场为你们纵情，鲜花为你们摇曳。在这里，让我们共同祝福你们，互敬互爱，共同进步，白头偕老。

下面，我宣布，新婚酒宴正式开始！

范文二

尊敬的各位领导、各位来宾、各位朋友：

大家好！

春风送暖，月季飘香，这是一个充满欢快吉祥、幸福美满的好日子。此时此刻，××酒店到处洋溢一股热闹的节日气氛，各位来宾脸上挂着幸福甜蜜的笑容。所谓"天长地久鸳鸯配，花好月圆爱相随"，朋友们，在这大喜的日子，我们欢聚一堂，迎来金山银海花为媒的"心心联通，××青年集体婚礼"。

狮跃龙腾，欢声笑语，为新人而舞，为新人而歌。今天，10对新人将在这里举行一生中最隆重、最辉煌的婚礼庆典。他们将一生一世携手，把这里当作爱的天堂，许下爱的心愿。此时此刻，他们正在幸福之门下静静等待，等待您的祝福，等待您的掌声，等待属于他们的婚礼进行曲。朋友们，请全体起立，掌声有请新郎、新娘闪亮登场。

首先推开幸福之门的是第1对新人，××先生和××女士。共同的爱好使他们走到一起，是爱拉近两个人的距离，无论是鲜花铺路还是荆棘满地，愿你们的爱情忠贞不渝、不离不弃，直到天涯海角。祝你们真爱一生，幸福永恒。

接下来的是第2对新人，××先生和××女士。他们从相识、相知到相恋，之后每个日子都相持、相守，一直到白头。愿你们彼此深爱对方，无论贫穷或富有、疾病与健康，将爱情进行到底，相亲相爱一生一世。

....

执子之手，与子偕老，这是出自《诗经》的名句，也是10对新人的爱情宣言。这不仅表达了他们对彼此的忠贞不渝，也充分体现了对爱情的完美追求。祝愿你们爱到天荒地老、海枯石烂。

现在有请××为新人证婚……

有请××、××共同为新人颁发结婚证书。

....

接下来是夫妻对拜环节。下面，我喊口令，新人执行，10对新人全体都有，男向左，女向右，向左向右转，夫妻相对而立。

一鞠躬，相亲相爱，和睦相处；

再鞠躬，风雨同舟，携手并肩；

三鞠躬，有福同享，白头到老。

我宣布，集体婚宴开始进餐，愿大家吃好！

◎ 金婚庆典主持范文：回忆与展望，满满的祝福

讲话技巧

根据结婚时间长短，人们用非常形象的比喻给经历不同时长的婚姻打上周年纪念日。比如，结婚一年被称为"纸婚"，结婚7年被称为"铜婚"，结婚25年被称为"银婚"，结婚50年被称为"金婚"，结婚60年被称为"钻石婚"等。

很显然，从这一比喻就能看出，人们普遍认为婚姻持续的时间越长，两个人的感情越深，牵绊也会越多，婚姻自然越牢固。而且，越是能够经住时间考验的婚姻，往往越是珍贵。

所以，主持金婚庆典时，主持人一定要注意突出两方面：一是对过去的回忆，强调夫妻二人50年的相守与相伴是非常难能可贵的，也是容易打动人心的地方。二是对未来的展望和祝福，让人们

对婚姻产生"憧憬"。

除此之外，最重要的就是送上祝福。在喜庆的场合，祝福的话永远不会出错，如"比肩同业五十载，老来情亲爱更浓""辽远无论风与浪，联袂同心傲晚霞""相濡以沫爱如歌，金婚光阴写华章"等，显然都符合当下情境。

范文一

50年前，一位年轻的男士在这里对一位年轻的女士许下婚姻的承诺。在神圣的法律面前，一双手紧紧相握。

50年后，这位男士已经不再年轻，女士也已满头银发，但这双交握的手却如从前般坚定，哪怕历经了50年风雨的洗礼也不曾有丝毫松懈。

从相遇、相识到相守，他们没有多少风花雪月的浪漫，也没有惊心动魄的故事，有的只是柴米油盐的点点滴滴、相伴相守的一丝一缕。他们一起携手走过最困难的岁月，一起见证祖国的改革开放，一起经历经济腾飞时期翻天覆地的变化，一起并肩跨过新世纪的大门！

世界变了，满地跑汽车；日子变了，平地起高楼。但他们的爱从未有所改变，从未在风雨的侵袭中褪去颜色。

今天，我们满怀欣喜相聚于此，就是为了参加这对爱侣的50年金婚庆典，送上真诚的祝福！让我们用热烈的掌声请出今天庆典的二位主角——×××先生和×××女士！

场景致辞与即兴发言

50年的相依相伴，50年的举案齐眉，50年的不离不弃，这才是爱情最好的模样、婚姻最美的憧憬！恭喜二位金婚快乐，同时也要感谢二位，让我们在座的每个人都看到了爱情与婚姻最好的样子！见到二位，我又相信爱情了！

让我们先请×××先生分享一下他们50年来18250个日日夜夜同甘共苦、不离不弃的故事和感悟，掌声有请！

（×××先生发表讲话）

可以看出，×××先生今天非常激动，不知道大家注意到没有，谈起妻子的时候，×××先生对妻子有一个非常可爱的昵称——"小姑娘"。即使已经到了白发苍苍的年纪，在×××先生的心中，妻子依然是他心中珍爱的那个"小姑娘"。

接下来，让我们有请×××先生的"小姑娘"讲述一番她的金婚感受！掌声有请！

（×××女士发表讲话）

50载风雨同舟共济，半世纪朝暮相随相依。朋友们，让我们再次用最热烈的掌声，为这对相伴50余载的金婚爱侣送上最诚挚的祝福！祝愿二位幸福安康，希望在下一个10年，在场的所有来宾还能再次相聚一堂，共同庆贺二位的钻石婚！

范文二

尊敬的各位来宾、各位朋友：

大家好！

欢迎来到×××先生与×××女士的金婚庆典！我是今天的司仪×××，非常荣幸为二老主持这场庆典，见证二位历经50年风雨考验的爱情与婚姻！

时光荏苒，岁月如歌。50年前，这对璧人相遇在最纯真的年纪，相知、相爱、相守，最终走入彼此的生活，成为彼此的一部分；50年后，他们在相扶相携中走过人生的春、夏、秋、冬，度过人生的天晴、雨后。

漫长的时光带走了年轻的容颜，却从不曾让他们放开彼此的手。50年的相濡以沫，让每个同甘共苦的画面烙印在彼此的生命中；每一个弥足珍贵的时刻，都有彼此相伴。无论是过去、现在还是未来，只要身边有你，就是岁月最好的模样。这或许正是爱情最好的模样。

50年的岁月，有笑有泪，有苦有甜。岁月匆匆，不过弹指一挥间，他们始终相互信任、相互陪伴，在平凡的生活中书写下一个个令人羡慕、令人感动的爱情故事。

×××先生与×××女士的婚姻，是许多人学习的楷模。相信在今后的日子里，二位依然能够执手相伴，相约下一个10年！

恩爱夫妻情无限，同贺金婚，白首永相伴！让我们举起手中的酒杯，祝愿这对恩爱夫妻幸福美满、白头偕老，也祝愿在场所有的朋友，阖家幸福、健康快乐！

谢谢大家！

◎ 跨国婚礼主持范文：中西合璧出新意

讲话技巧

在现代社会，与外国人结婚已经不是什么新鲜事。但在不同文化的影响下，不同国家的人对婚姻和婚礼的看法、想法有所不同。因此，主持跨国婚礼的时候，有些问题需要主持人注意。

首先，制定婚礼流程前，应该对新人的文化背景和宗教信仰等有大致的了解，积极与新人沟通，了解他们的想法与需求，从而更好地完成中西合璧的婚礼，避免"踩雷"。

其次，考虑到新人一方的语言文化背景，主持人的发言最好直白易懂，尽量不要使用不方便翻译的古诗词，或者翻译过程中容易造成理解偏差的词句。

再次，讲述新人故事时，着重突出"缘"字。中国人很讲求缘分，不同国家的两个人能够在茫茫人海中相遇、相爱、相守，本身就是一种缘分。突出这一点，不仅能为婚礼添加浪漫色彩，更能打动人心。

最后，婚礼前的彩排是必不可少的，这样尽可能地确保婚礼流程不出错。而且，彩排也是主持人与新人加强沟通的过程，尤其是如果彼此间存在一定的语言沟通问题，彩排就显得更加重要。

范　文

尊敬的各位来宾、各位朋友，女士们、先生们：

大家中午好！

今天阳光明媚，鸟语花香，出门便见喜鹊在枝头高唱，一切都美好得恰到好处，仿佛是专门为庆贺李先生与××女士喜结连理而准备的好日子。在这里，请允许我代表所有前来参加婚礼的宾客，对二位新人说一句：新婚快乐！

我们的新娘××女士是来自重庆的美丽女孩，高大帅气的新郎官李先生则来自遥远的大洋彼岸。他们有着不同的肤色、不同的语言、不同的文化、不同的生长环境，却又一切合拍得恰到好处——就像两个半圆，明明向着相反的方向生长，却能够组合得严丝合缝、圆满无缺！

最好的时刻已经到来，最恰当的时刻也已降临。现在，我宣布：××女士与李先生的结婚庆典仪式正式开始！请音响师为这对新人奏响庄严的婚礼进行曲，在座的诸位请举起双手，用热烈的掌声欢迎二位新人登场！

（新郎、新娘上台）

现在，二位新人已经来到台上，他们是那么相配、那么恩爱、那么令人羡慕。

中国有这样一句话：有缘千里来相会。今天这对新人，他们之

场景致辞与即兴发言

间的相隔又岂止千里！但即使如此，在茫茫人海中他们还是找到了彼此，并最终走进彼此的生命。这不正应了那句：千里姻缘一线牵！

大家一定很好奇，这对新人究竟是如何跨越千山万水牵住彼此的手的？不如请他们讲一讲这段故事——掌声有请！

（新郎、新娘发言）

感谢新郎和新娘的分享，让我们再次用热烈的掌声给予这对新人最诚挚的祝福！祝贺他们终于排除千难万险，跨越千山万水，在亲人和朋友的见证下踏上红毯，修成正果！

现在，让我们请出今天的证婚人，同时也是为新郎和新娘的相识牵线搭桥的"红娘"×××女士！

（证婚人讲话，宣读新人的结婚证）

接下来，让我们同样以热烈的掌声请出今天的主婚人！

（主婚人发言）

下面，让我们有请新郎和新娘的父母上台，为两位新人送上祝福！

（父母发言）

良辰吉时已到，让我们共同见证美丽的新娘××女士与帅气的新郎李先生缔结鸳盟，喜结连理！

请新郎、新娘上前一步，面向主婚人。

（主婚人宣读婚礼誓词）

请新郎、新娘交换戒指。

（新郎、新娘交换戒指）

传说无名指与心脏相连，当他们为彼此套上戒指的那一刻，就意味着他们牢牢拴住彼此的心，从此不离不弃，相伴相依。婚姻代

表一生一世的承诺，无论富有还是贫穷，无论健康还是疾病，都将荣辱与共、相互依存！

现在，新郎，你可以亲吻美丽的新娘了！

在座的诸位朋友，让我们举起手中的酒杯，一起将最诚挚的祝福送给这对中西合璧的佳人，祝他们携手相随，幸福一生，白头偕老！

◎ 再婚婚礼主持范文：拿捏好"赞美"的角度

讲话技巧

通常来说，在结婚仪式上，为了让婚礼气氛更热闹、更喜庆，主持人会对新人进行一番调侃，把他们在相识、相爱过程中的一些"糗事"说出来让大家乐一乐。这本无可厚非，但需要注意的是，如果新人中有一方或者两方是再婚，主持人调侃新人时最好能够避开这一点。

现代社会，再婚不是新鲜事。既然有再婚，无论是出于什么缘由，至少说明上一段婚姻并不圆满。或许是因为丧偶，或许是因为离婚，但无论什么样的原因，对于当事人来说显然不会是太美好的回忆。所以，如果主持人为了逗趣抓住这点去调侃，不仅不会让人觉得有趣，反而会感到尴尬。

当然，对于新人是否再婚这一点，参加婚礼的宾客必然比主持人了解得更清楚。所以，提及这个问题时，主持人也无须刻意避讳，只要顺其自然即可。毕竟再婚并不是不光彩的事情，每个人都有权利追求自己的幸福，只要不违背法律与道德，即便是再婚也能理直气壮地接受祝福。

范文

尊敬的各位来宾、各位朋友：

大家好！

欢迎大家来到这里参加×××先生与×××女士的结婚典礼，让我们把祝福的掌声送给这对幸福的新人！

幸福是什么？对于这个问题，一千个人大概会给出一千个答案。有人觉得身体健康是幸福，有人觉得事业顺利是幸福，有人觉得天天有美食、美酒相伴是幸福，有人觉得亲朋好友在侧是幸福……虽然每个人对幸福的解答不一样，但我相信有一种幸福是每个人都无法抗拒的，那就是拥有温馨的家庭！

家是心灵的港湾，承载每个人心底最期盼的幸福与温暖。年幼时，有父母在的地方就是家，长大后，我们开始为自己寻觅另一个家。今天，××先生与××女士终于找到那个愿意与之组建家的人，也终于拥有了自己的家！让我们再次用热烈的掌声祝贺他们！

×××先生与×××女士都是有故事、有阅历的人，他们都曾经历过人生的大起大落,承受过拥有和失去。这段独特的经历,也让他们对幸福、婚姻有了更深刻的认识和感悟,学会了彼此珍惜。

×××先生与×××女士曾是两个孤独的灵魂,在各自的生命轨迹中踽踽前行,是缘分让他们在茫茫人海中遇到彼此,从此相识、相知、相爱、相守,温暖彼此的生命,渗透彼此的人生。自此,夫妻一体,不离不弃!当他们彼此对望时,相信在场的每个人都能从他们眼中看到对彼此毫无保留的爱与信任。此时此刻,他们脸上的笑容写满幸福与满足。

钻石恒久远,爱情永流传!这是我们的新郎和新娘对彼此许下的承诺,在座的诸位都是他们的见证人!现在,请新郎、新娘在大家的见证下,交换戒指!

(新郎、新娘交换戒指)

幸福或许有迟到的时候,但只要我们耐心等待,定能找到那个正确的人,也许就在人生的下一个拐角。如今,×××先生与×××女士已经等到了自己的幸福,等到了生命中的另一半。对此,感到最高兴、最幸福的除了二位新人外,无疑是一直期盼他们幸福的父母双亲。

接下来,让我们用热烈的掌声欢迎新郎、新娘的父母上台,为新人送上祝福!

(新郎、新娘父母发言)

风雨征途磨去了青春的岁月,但灿烂晚霞却涂上了幸福的光彩!朋友们,让我们高举手中的酒杯,为这对兜兜转转终于遇到彼此的新人送上最真挚的祝福,祝愿他们举案齐眉日日亲、今生携手永相伴!

/PART 8/ 年会、庆功活动主持：欢笑妙语中升华宴会之道

> 招待酒宴、庆功宴是人们苦尽甘来、获得收获的体现，也是在场诸位联络感情、谋求下一次合作的活动。主持人自然要抓住宴会主题，做出符合各位宾客期待的发言。

◎ 亲切大方，消除参与者的距离感

招待酒宴、庆功活动这类场合，有两个非常显著的特点：一是大家基本上都相互认识，但又不是所有人都特别熟络；二是参与宴会的人，可能会成为你未来的合作伙伴，也可能过了今天你就不知道对方何去何从。

所以，在这种场合讲话，亲切大方是最重要的。只有如此，才能尽可能地利用这一机会"笼络"每个人，给所有人留下"这个人很好打交道"的印象，也要让他人觉得你讲话很干练、成熟，会是比较好的合作伙伴。

如何做到亲切、大方呢？我们只需记住一句至理名言——"率真而不失尊重，亲密而不少边界"。

所谓率真而不失尊重，指的是在招待酒宴、庆功会上讲话，不要像在正式会议上那样重视语言凝练、官样文章。招待酒宴和庆功活动属于比较轻松愉快的场合，我们千万不要板着脸说一些套话、官话，那样会让你显得与周遭氛围格格不入。

其实，讲话好像穿衣服，讲究"搭配"，在合适的场合讲合适的话，会让听的人感到舒服。相反，如果你讲的话与场合不搭，即便你再怎么口若悬河、巧舌如簧也难取得效果。

所以，在招待酒宴和庆功会上讲话，从措辞上讲可以口语化一些，不要频繁地用排比句修饰，也不要总是说"第一如何如何、第二如何如何、第三如何如何"这类汇报性的语言，显得不够亲切，给人带来隔阂感。

如何消除"距离感"：

率真而不失尊重
- 口语化的说话方式
- 尊重对方

亲密而不失边界
- 把握尺度
- 不搞"小团体"

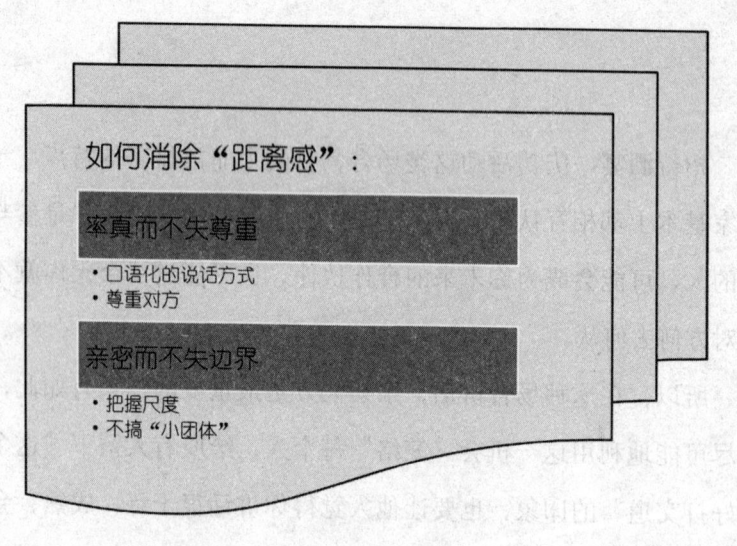

图 8-1　如何快速消除距离感

口语化、听起来符合日常用语习惯"脱口而出"的语言，反而能取得更好的效果，让人觉得发言者不做作、很率真。

不过，千万不要拿某个具体的人开玩笑。或许你觉得自己跟对方的关系不错，平时说话也比较随性，但是来到这样的场合一定要尊重每个人，无论是平时跟你称兄道弟的熟人还是点头之交的同事，都要给予同样的尊重。

所谓亲密而不失边界，就更好理解了。在类似的场合讲话，要拿出"我和大家是一个整体"的姿态，让所有人都觉得彼此很亲密；

而且，要"雨露均沾"，不要和某些特定的人显得过于热情、熟络，这便是失去了边界。简单来说，我们要表现得与每个人的关系都很好，但是没有与某个人特别好，这才是正确的说话态度。

说话者要记住，在宴会上讲话表现出亲切的一面，是为了消除自己与大多数参与者的距离感，所以，亲切不能只展现给少数人而忽略多数人。

一次成功的演讲，是你讲完话之后大多数听众觉得"这个人讲得很有道理，估计很好打交道"，而不是让大家觉得"哦，看样子他和他熟识，那几个人的关系不错，我们在他眼里就是空气"。如果多数参与者产生如此想法，即便你的讲话再精彩也是失败的。

◎ 妙语连珠，升华宴会主题

每个宴会都有两个主题：一个是明面上的，所有参会者都是奔着这个主题来的；另一个主题需要挖掘和升华。宴会上，如果能紧扣第一个主题，把这个主题点明、说透就算得上合格的讲话。如果再用巧妙的语言升华主题，赋予宴会更多的延伸意义，就可以算得上一次精彩的讲话。

升华宴会主题时，我们要避免"强行"操作，简单来说就是不用直白甚至带说教意味的语言升华主题，因为说到底宴会是个轻松的场所，没有人愿意"听课"。所以，我们要通过一些连珠妙语，实现既吸引听众注意，又表达更深含义的讲话目的。

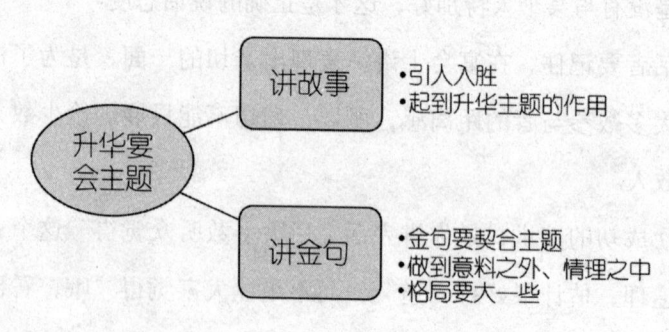

```
                    ┌─────────┐   ·引人入胜
              ┌────│  讲故事  │   ·起到升华主题的作用
    ┌──────┐  │    └─────────┘
    │升华宴│──┤
    │会主题│  │    ┌─────────┐   ·金句要契合主题
    └──────┘  └────│  讲金句  │   ·做到意料之外、情理之中
                    └─────────┘   ·格局要大一些
```

图 8-2　如何升华宴会主题

第一种方法是讲故事。人人都爱听故事，所以，当你在宴会上讲述引人入胜的故事时没有人会感到厌烦。假如这个故事能够起到升华主题的作用，听众会心甘情愿地接受你对主题的新诠释和新定义。

第二种方法是讲金句。所谓金句，就是那种一出口就能够引起共鸣的经典句子。通过这样的句子升华主题，观众不会觉得突兀，能够与你产生更多的共鸣。

想要通过讲金句的方式升华主题，要注意三个要点。

第一，金句完美契合主题，如此才有更多的说服力。

例如，公司年会的主题是"尽情欢乐"，但由于有些同事比较拘谨，宴会氛围比较沉闷。某部门领导在讲话中引用了尼采的名言，说："每一个不曾起舞的日子，都是对生命的辜负。同事们，我们不要浪费这良辰美景，嗨起来吧！"他的这句话说完，现场气氛为之一振。

第二，金句尽量做到意料之外、情理之中。

某企业的宴会上，××领导说：“我希望大家来年财源广进，多多挣钱，给自己爱的人更好的生活条件。或许有人觉得老是谈钱有点儿俗，但王尔德说过'我年轻的时候以为钱是最重要的东西，等我老了，发现确实如此'。你看，我们凡夫俗子又何必隐藏自己对钱财的欲望呢？"

领导的这番话说完，大家都哈哈大笑，不仅活跃了现场气氛，更升华和夯实了宴会的核心主题。

第三，格局要大一些。

既然我们希望可以通过金句升华会议的主题，选用的金句一定要有大格局。如果金句的格局很小，非但起不到升华的作用，反而导致主题"降格"。

某公司的宴会主题为"畅所欲言、建言献策"，董事长开场时说："今天，在座的有年轻人，也有年龄较大的老员工，但无论是谁都不要拘谨，有什么话就说出来，有什么意见就提出来。我不希望手下的人是胆小鬼，一句真话也不敢说。有句名言说：'我们对待自己的生命不妨大胆一些，因为我们终将失去他。'所以，如果你想生活得精彩一些，就要放开约束、大胆前行，无论生活还是工作皆是如此。"

以上是升华宴会主题的一些小方法、小诀窍，各位不妨酌情使用。

◎ 庆功活动主持范文：可以即兴发挥，但不可随性

讲话技巧

庆功宴要氛围活跃、欢快，主持这样的宴会大可不必一板一眼，根据现场情况即兴发挥，是体现主持工力、思维活跃度的好方式。不过一定要牢记，可以即兴，但千万别太随性。

所谓即兴发挥，就是根据现场情况临时发挥，以求获得良好的互动效果。所谓随性，是指信马由缰，过度发挥，难免给人信口开河的感觉。

如何才能做到即兴不随性呢？需要注意以下要点。

第一，无论说什么，都要围绕主题。主持庆功宴，最忌讳即兴发挥得太过，忘了主题是什么，或是绕来绕去，或是旁敲侧击。主持人无论在何种情况下都要紧紧围绕主题说话，即便是即兴发挥也要围绕主题发挥，否则很可能变成胡言乱语。

第二，即兴发挥要适可而止。不可否认，很多时候，主持人的即兴发挥能够很好地活跃现场氛围，但要懂得适可而止。如果在气氛达到高潮时，"功成身退"回到正题，即兴发挥就会给人意犹未尽的感觉，让人更期待接下来的"表演"。相反，如果在即兴发挥

取得一定的效果后不知道"收手",还在自我感觉良好地絮絮叨叨,就会给人一种刻意营造氛围、过度展示自己的感觉,让观众心生厌烦。

第三,即兴不等于毫无准备。有的主持人认为,即兴发挥可以不用提前准备,这其实是一个误区。对于新手主持人,最好在准备主持词的时候提前预想现场情况,准备好即兴发挥的内容。如果情况如我们所想,就把提前准备好的内容说出来;如果情况有变,不要随便即兴发挥。

事实上,即兴主持这件事如同相声里的"现挂"一样,很多时候,观众觉得相声演员是随口一说,其实人家都是排练好的。所以,主持人尤其是新手主持人,不要太迷信即兴发挥这件事,因为真正的即兴发挥需要丰富的临场经验作为支撑。如果经验不够丰富,不如在主持前多下功夫,把主持词磨炼得更精彩一些。

范文一

各位领导、各位同事:

大家晚上好!

今天在座的各位,都是我们工作上的好搭档、好同事。人们常说,现代人与同事相处的时间比家人、爱人都长。在长时间的相处和合作中,我们建立起亲密的革命友谊,也取得了工作上的成功和成绩。所以,今天这场庆功宴,在我眼里就是与家人欢庆丰收的美好瞬间。

在过去的一年，我们之所以能够取得优异的成绩，首先离不开单位领导的运筹帷幄、科学统筹和鼎力扶持。火车跑得快，全靠车头带，而我们的车头是和谐号、复兴号，带领我们走上高速前进的正确轨道。

其次，各位同事的辛勤付出和竭诚合作，也是团队获得优异成绩的重要基础。过去一段时间，大家在工作上亲密合作，在合作中不断探索，在探索中实现个人和团队的双进步、双丰收，是可喜可贺的事情。所以在这里，要着重感谢过去一年来帮助过我们、指导过我们的领导和同事，希望在未来的日子，能够和各位继续携手向前，再创辉煌。

············

范文二

尊敬的各位领导、各位同事：

大家好！

今天，我们欢聚一堂，欢庆过去一年获得的杰出成绩，相信每个人的心中都充满了自豪感和愉悦感。

成绩来之不易，离不开大家的付出；庆祝更须开怀，这是对我们的奖励，也将给我们鼓舞。所以，在今天庆功的好日子里，请大家放开唱、放开笑，为伟大的征程继续积蓄能量、鼓舞士气。

（此时，现场突然有人不小心摔碎了一个杯子）

我们知道，古代战士上战场前都要满饮一杯，然后将酒盏摔碎，以此表达自己此战必胜的决心和勇气。看来，我们的同事已经在效仿古人，他们将以这种方式表达自己壮怀激烈的心情，将来一定会在工作上投入全部的力量，争取更大的胜利！

接下来，大家真正庆贺的时间开始了……

◎ 颁奖活动主持范文：牵线搭桥，给领奖人说话的机会

讲话技巧

主持颁奖活动，主持人一定要牢牢记住——获奖人才是真正的主角。

这个道理如此显而易见，但在现实中，我们经常发现有些主持人在主持颁奖活动时常常会喧宾夺主，把获奖人晾在一边，自己滔滔不绝，自以为表现良好，实际上尴尬无比。

这一问题，不仅很多新手主持、业余主持容易犯，很多资深主持、专业主持也是如此。在许多规格很高、公开播出的颁奖活动上，我们都曾发现类似的现象。

作为颁奖活动的主持人，必须给获奖人说话的机会和空间。主持过程中，我们应该牢记以下流程。

首先，根据奖项设置不同的问题，主动向获奖者提问。

其次，如果获奖者没有提前准备，讲话时有点儿磕磕巴巴，或存在语言组织困境，主持人一定不能袖手旁观，而是及时介入，采取问答对话的形式让获奖人把心里话说出来。

最后，如果获奖人讲起话来长篇大论，可能会超过上台时限，就要采取合适的方式中止他的讲话，保证活动流程顺利进行。

范 文

各位领导、各位同仁：

大家好！

今天是我们×××公司表彰先进、颁发荣誉的大好日子。在过去的一年，全体员工披荆斩棘、奋发图强，用辛勤的工作换来累累硕果。首先，让我们欢迎×董事长在这个重要的时刻做开宗明义的讲话！

（×董事长讲话）

感谢×董事长对所有员工的鼓励和勉励，也感谢过去一年来您对所有员工的关怀和支持。

下面，正式进入表彰环节。首先颁发的奖项是优秀员工奖，有请公司总经理×××为我们开奖，并致颁奖词。

（总经理×××颁奖流程完毕）

感谢×××总经理的致辞。在他的勉励下，我们的同事在未来的工作中一定会更有干劲，百尺竿头更进一步！谢谢您，请您落座。

下面，请优秀员工获得者发表获奖感言。在他发表感言之前，我想代表所有同事问他一个问题:"您在工作中取得了如此杰出的成绩,有没有好的工作方法能跟我们分享一下呢?"

(优秀员工获奖者发表感言)

非常感谢您的发言,请您落座。希望所有同事来年都要向优秀员工看齐,大家比、学、赶、帮、超,为企业做出更大的贡献。

下面,颁发的是最快进步奖,请×××副总经理为我们开奖并致颁奖辞。

(×××副总经理颁奖流程完毕)

感谢×××副总经理的致辞。您的一番话让许多新员工更加充满了动力,他们作为企业的新鲜血液,将来定能为企业带来更大的效益。谢谢您,请您落座。

下面,请最快进步奖获得者发表获奖感言。和刚才一样,在您发表感言之前,我还是要代表同事们问您一个问题:"请问您在去年取得了长足的进步,您认为如何才能利用好企业平台不断提升自己,实现企业发展和个人进步的双丰收……"

(最快进步奖获奖者感言环节)

下面,有请获得"最佳员工奖"的×××发表获奖感言!

×××:"能够获得这个奖项,我感到非常荣幸,感谢领导的认可,感谢同事们的支持。嗯……嗯……"

主持人见对方有些紧张,适时介入:"我们今年总共有3位员工拿到了最佳员工奖,您是其中一位,非常难得,请问您在工作中有什么值得大家借鉴的经验吗?"

×××:"经验……嗯……经验就是一定要不怕困难、不辞辛劳。"

主持人："不怕困难、不辞辛劳，虽然只有八个字，但我觉得已经囊括了值得每个人学习的工作态度。现在，请您用一句话来形容现在的心情。"

×××："激动！"

主持人："我给了咱们最佳员工一句话的篇幅，但他只说了一个词，可见他是个说得少、做得多的人，这一点值得我们大家学习。"

（众人笑）

◎ 年会、晚会主持范文：有趣、有料，你的讲话大受欢迎

讲话技巧

主持年会、晚会要突出气氛热烈、心情愉悦的场面，所以，主持人要奔着有趣、有料的方向准备。

想要做到有趣、有料，得从两个方面努力。

首先是积累。那些说话趣味性很高、很幽默的人，都有一个共同的特点——非常注意积累笑料。没错，笑料这个知识点不是凭空产生的，而是通过积累得来的。

积累笑料有两个途径：一是平时多关注这方面的内容，如幽默的技巧、表演的方式、可能用到的笑话等；二是注意观察生活中惹

人发笑的瞬间。在工作中，我们经常发现一些很有趣的瞬间，有的人笑过就算了，有的人则会把这些瞬间牢记心里，最终成为他们"笑料库"中的一部分。

其次是情绪。合格的主持人应该意识到情绪能量的存在。所谓情绪能量，指的是如果你的情绪很积极，散发出来的就是积极的正能量，自然会让别人感到舒服、有趣。相反，如果你的情绪不积极，即便努力地讲一个非常好的笑话，效果也不会特别好，因为你散发出来的负能量会让别人产生不适感，仅仅通过语言很难抹平这种不适感。

做到这两点，如果你还能在投入具体的主持工作之前认真准备文稿和话术，成为有趣、有料的主持人并非不可能。

范文一

尊敬的领导、各位同事：大家晚上好！

A：在这辞旧迎新的大好时节，我们欢聚一堂，共贺新年！

B：新年到了，我们没有什么好东西送给同事的，只能给各位送上几句祝福的话。

A：我看咱们今天的宴会上，有花生、枣儿，还有各种水果……

B：等等，你是想祝愿同事们早生贵子吗？

A：不不不，虽然这也是一个美好的祝愿，但放到今天显然有点儿不太恰当。我是想祝愿同事们，一斤花生二斤枣，愿你跟着好运跑；三斤橘子四斤蕉，财源滚进你腰包；五斤葡萄六斤橙，愿你心

场景致辞与即兴发言

想事就成；八斤芒果十斤瓜，身体健康顶刮刮！

B：没想到你还有一套一套的说辞，不过我也早有准备。今年是鼠年，我祝愿大家：金鼠尾巴翘，新春祝福到；身体不感冒，健康最重要；安全放鞭炮，全家齐欢笑；鸿运当头照，吉祥怀中抱；生活多美妙，奔向康庄道！

A：祝福的话说完了，但这只是抛砖引玉。

B：没错，下面有请公司董事长×××为大家致新年贺辞，掌声有请！

....

范文二

各位领导、各位同事：

又到了辞旧迎新的时刻。在过去的一年，大家精诚合作、不断进取，在工作中取得了优异的成绩。在此，我用1、2、3、4、5这五个数字，为大家细数我们在过去一年中取得的重要成果。

"1"是指一个重大工程。去年，我们围绕×××工程展开公关，公司上下集体动员，终于超预期地完成了该工程。

"2"是指实现两个目标。去年年初，领导为企业发展定下两个关键性目标——营收翻倍、员工待遇平均提高10%。现在，这两个目标已经实现。

"3"是指新三板上市。在公司领导的英明指挥下，去年公司完成新三板上市的伟大壮举，这是我司发展史上一个重要的里程碑。

"4"是指四大改革举措均已落实。

至于这"5",我想请各位同事猜一下指的是什么。

....

好吧,我揭晓答案,"5"指的是去年我司共有五对新人走进婚姻殿堂。这意味着,我司不仅是大家发展的平台,也在逐渐成为合格的"婚恋平台"。

(掌声、笑声)

....

◎ 商务酒会致辞范文:与听众互动要精彩

讲话技巧

商务酒会的核心目的是促进商业互动、增强商业互信,所以,在商务酒会上发表致辞,最忌讳自顾自地长篇大论。台上的人,一定要想办法通过讲话这个机会与台下的人产生联系,展开互动。

商务酒会上,与台下互动有三种基本方法。

一是点名法。点名法是商务酒会上常见的一种互动方式。一般来讲,参加商务酒会的人,不是同行业中有过合作的老相识,就是虽素未谋面但早有耳闻的新朋友。所以,采取点名法增强互动不会显得突兀。例如,你可以说:"今天高朋满座,其中不乏老朋友,如朱总、王总……还有一些老总虽是第一次见面,但在下早就仰慕已久,如李总、张总……"

二是引申法。在商务酒会上致辞,可以引申自己所讲的某些内容与具体的人联系起来。比如:"最近,公司在物流创新方面加大投入,试图走出一条新的物流成本控制之路。当然,在这个领域,×××物流公司的祝总是老前辈了,他更有发言权,希望以后能够有机会和祝总多交流、多学习。"

三是提问法。在商务酒会讲话过程中,可以适时地向台下观众提问,以此打开互动的窗口。例如:"在这个问题上,×××公司的刘总一定有更加深刻的见解,我想请问您一下,如果遇到这样的问题该如何处理呢?"

通过具体的方法加强与听众的互动,才能更好地完成商务酒会的使命,把讲话机会转变为实实在在的商业机遇。

范文一

各位前辈、各位同行:

大家好!

很高兴有机会参加今天的出版交流酒会,能够站在这里与各位同仁交流,倍感荣幸。

刚才××文化传媒的王总说我们公司是行业中的后起之秀,感谢王总对我们的认可,不过王总倒是谬赞了,后起是不错,但"秀"

远远谈不上。我们不过是小学生,在这个行业里还处于探索、拓展的阶段,需要向同仁们学习的地方还有很多。

我看到今天的宴会现场来了许多行业翘楚,如×××文化发展公司的周总、×××文化公司的李总……能够和各位前辈高人共聚一堂是一次难得的机会,所以,今天我斗胆向各位前辈汇报一下我们公司的经营思路,既希望各位前辈能不吝赐教,也是抛砖引玉,想听一听各位前辈的看法和意见。

…………

范文二

各位同仁:

大家好!

今天能站在这里与大家交流、学习,是一次难得的机会。

众所周知,我们的行业虽然规模不小,但有实力的玩家不多。今天,这个酒会的难得之处在于,几乎把行业内有实力的玩家都聚到了一起。

近年来,我们一直致力于××技术的开发和研究。如果这一技术能够研究成功,将极大降低我们的生产成本,提高利润率。如果我没记错的话,在上次的学术会议上,×××公司的姚总说过:"限制我们这个行业发展的关键性因素,就在于成本难以摊薄,造成规模化效应不足的恶果。如果不解决这个问题,我们很难实现更大的进步。"姚总今天也在现场,您当时讲的这番话给了我们很大的启示，也帮助我们找到了前进的方向，在此向您表示感谢。

当然，除了姚总外，×××公司的刘总也给了我们很大的帮助。去年，企业的原材料供应出现问题，刘总慷慨出手，帮助我们从源头上解决了问题。这件事情让我意识到，我们虽然同处一个行业，但并不是单纯的竞争对手，更是相互扶持的合作伙伴。

在此，我要向姚总、刘总和其他帮助过我们的同仁再次表示感谢！

下面……

◎ 招待宴会致辞范文：善用比喻，说话更传神

讲话技巧

招待宴会上，作为东道主，你有活跃氛围、点明主旨的责任。想通过讲话做到这两点，只需抓住一个要点就够了——用好比喻。

善用比喻，可以让讲话既生动又易懂。招待宴会的参与者往往都来自天南海北，大家的文化水平、交流方式不一样。如果想要让自己说的话被别人更准确地理解，采用比喻修辞是最简单有效的做法，因为比喻是各阶层、各背景的听众都能听得懂的通用语言。

运用比喻，需要注意两个关键点。

第一个关键点是，用来比喻的东西必须是大家熟知的。有些人喜欢用比喻，而且特别喜欢用一些奇怪的事物做比喻。比如"这款酒的味道就好像乞力马扎罗山上的风""当时的心情如同爱琴海的海水一样清澈"，这类说法如果放到初中生的作文里还算有点儿意思，但出自成年人之口，未免显得有些不伦不类。

事实上，真正好的比喻一定是朴素的，每个人都能听得懂。钱钟书先生有这样一个比喻："忠厚老实人的恶毒，像饭里的砂砾或者出骨鱼片里未净的刺，会给人一种不期待的伤痛。"他用来比喻的事物很常见，每个人都见过饭中的沙粒、鱼骨中的刺，但并不影响他的这个比喻是如此精彩。

第二个关键点，就是可以抽象，但必须准确。如果比喻不准确、胡乱比喻，不如不用。《围城》中有这样一句话："方鸿渐给鲍小姐一眼看得自尊心像泄尽气的橡皮车胎。"将自尊心丧失比作轮胎泄气，乍一听很抽象，但再一想又会觉得很准确。这就是好的比喻。

总之，如果我们能在招待宴会上用他人熟知的物品做准确而生动的比喻，就会使我们的讲话更容易被别人接受。

范文一

尊敬的各位来宾、各位朋友：

大家好！

这么多年来，在座的各位都是我们商业合作的好伙伴、生活中的好朋友。即便如此，大家也因各自忙碌而聚少离多。好在我们聚起来的时候如同一团火,彼此温暖,相互借光;散开的时候就像满天星,都在各自的领域发光发热,散发星辉。

今天又是难得的相聚时刻,我相信大家都感受到了彼此的热情,体会到了相聚时刻的来之不易。所以,大家不要客气,务必开怀畅谈、直抒胸臆。

当然,今天的宴会,一是招待各位,二是要和各位商量一下合作计划。我们好不容易才聚到一起,就要像梁山好汉一样既要大口吃肉、大碗喝酒,也要策划出大秤分金、小秤分银的"好钱途"……

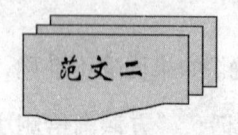

范文二

尊敬的各位来宾、各位朋友:

大家好!

今天到场的都是公司的朋友,感谢大家在百忙之中抽出时间参加今天的宴会。时间是最宝贵的,大家都愿意出来捧场,足见盛情。

对我们公司而言,今天是非常重要的一天,也是我司所有员工最幸福的时刻,我们希望与各位来宾和朋友一同分享这来之不易的欢乐时刻。

做企业和做人一样,人生路漫漫,但说到底,关键的就是那一两步。做企业也是如此,任何伟大的公司都有其为数不多的里程碑时刻,今天对于公司来讲就是这样的里程碑时刻。为了走到今天,我司全体员工披荆斩棘,付出太多的努力和艰辛,也更加体会到一路上有相伴左右、每每给我们支持和动力的朋友是多么弥足珍贵。

朋友是成功道路上的良师，热情地将你引向阳光地带；朋友是冬日里的一束阳光，静静地为你送去温暖；朋友是沙漠中的一抹浓荫，悄悄地为你撒下清爽。

总而言之，如果没有朋友们多年来的鼎力支持，我司不可能有今天的局面。再次感谢你们不仅在这一刻与我们分享喜悦，也曾在我司迷茫和无助的时候伴我们同行。

希望各位与我一同举杯，接受我们的谢意！

/PART 9/ 超级语技训练，告别念稿式讲话

> 　　主持人与主持人之间，最大的差异不是发声技巧、主持稿创作能力，而是临场发挥、随机应变的本领。只有掌握足够的技巧，才能在仅有稿件框架的情况下自由填充内容，告别念稿式讲话，让你的主持永远得体，符合实际情况。

◎ 训练一：建立自信，消除紧张

对很多人来说，私下闲聊不是问题，在公众场合主持和演讲却成了大问题。他们通过事先认真练习、反复背诵、精心准备等努力弥补了技巧上的不足，通过反复训练确定了表达方面的优势，然而却输在另一环节——心态。

在公众场合，面对台下的众多观众，他们往往就会发怵，头脑一片空白，忘掉所有准备好的话或是背下来的稿子，甚至说起话来也是磕磕巴巴。

这是我们所说的怯场，普遍出现在场景主持和脱稿讲话中，根源就是不自信。因为不自信，担心说错话；因为不自信，一上台就紧张；更因为不自信，怕被人嘲笑……偏偏自信是最重要的，缺乏自信就很难建立良好的心态，最后只能呈现一场"尴尬""拉胯"的主持或演讲。

试问，你自己都不自信，如何在主持中活跃气氛、说服观众，又如何在演讲或活动中赢得信任和青睐？所以，对于主持人和演讲人来说，建立自信非常重要。事实上，很多演讲大师都是从建立自信开始的。

建立自信，其实是与怯场做斗争的过程。我们若想要练就超级语技，首先要想办法建立自信，战胜恐惧和紧张，保持良好的心理状态，这样才能让自己看起来谈笑风生、收放自如，而不是死板僵硬、带有严重的表演痕迹。

那么，如何建立自信呢？

首先，自设场景进行实战练习。场景主持和表演不一样，它要求语言、情绪和场景相符合，如此才不会显得做作。只有经过多次训练和练习，我们的自信才能大大提升。因此，日常训练时千万不要只是背稿，而是应该多多进行场景式的实战练习。

著名主持人撒贝宁，主持过《今日说法》《挑战不可能》《开学第一课》等优秀节目，其口才和临场反应能力都令人折服。他从小就对主持有浓厚的兴趣，为了练习口才和自信，时常在家里进行场景式实战练习，如主持一场晚会，从晚会策划、节目表演、主持开场白、中间串词到场景布置、道具准备等环节都进行实战练习。正因如此，撒贝宁不仅提高了口才，还增加了自信和临场反应力。

我们可以学习撒贝宁，在家人生日、亲朋好友聚会等场合大胆练习。你在熟人面前敢讲、讲得多了，自信自然能树立起来。

其次，积极的心理暗示可以大大提升自信和勇气。很多时候，个人的不自信源于内心对自我能力的否定，所以在日常练习和正式主持、演说前，积极的心理暗示是非常必要且具有积极效果的。

实战练习后，可以对自己说"我做得不错""这一次我进步了很多"；上台前，可以对自己说"我能行""我的发言一定能让现场沸腾起来"……那么，我们就能真的自信满满，发挥出令人难以想象的实力。

如果你是被突然"cue"上台致辞，紧张得不知道说什么好，也没什么大不了——你要尽可能地微笑。微笑具有神奇的魔力，可以让你的大脑摆脱紧张、焦虑，让你越来越自信、从容。同时，放松身体活动手臂、大腿，然后深呼吸几次，也可以有效缓解紧张情绪。

再次，不要太在意讲得好不好，不要太害怕出错。很多演讲大师告诉我们，演讲前越是告诉自己不要紧张、不要讲错，结果就越容易紧张和出错。这是谁都难以战胜的墨菲定律。因此，主持或是演讲前，我们要让自己保持平静心态，不要总担心成功和失败、会不会受观众欢迎等问题，更不要总是自己嘀咕不要紧张、不要出错。

最后，多积累、多练习。对于经验少或初学场景主持和脱稿讲话的人，紧张、不自信是很自然的。如果我们因为紧张、不自信而逃避——不练习、不上台，永远别想有所突破。

俗话说熟能生巧，在这里同样适用。一开始，我们可以拿稿讲话，虽然做不到脱稿，但只要声情并茂、自信满满，效果也差不了。讲得多了，自信的感觉有了，脱稿主持和讲话自然不成问题。

人人都希望轻松自如地在公众场合讲话，偏偏紧张、恐惧等消极情绪总是如影随形。因此对讲话者来说，口才很重要，自信更不可缺少。只要你敢讲，形成对观众说话的自信，征服观众就不是问题。

训练二：善用眼神交流，carry 全场

很多主持或演讲者说话时滔滔不绝，慷慨激昂，可现场气氛却

死气沉沉，观众神情漠然，甚至不时走神、窃窃私语。关键原因在于，这些人没有与观众进行眼神交流，没有把情感表达出来并让观众接收到。

这是因为语言有两种，一种是有声语言，一种是通过眼神、表情、肢体动作传递的无声语言。

无声语言中，眼神最重要。很多时候，包括公益活动、动员大会，我们和观众有眼神的交流，让观众看到我们眼中的真诚、热情，才能让话语更鼓舞人心；欢迎仪式、答谢活动，我们的眼神把喜悦、祝福、感激等情感表达出来，其效果比一百句"欢迎""感谢"之类的话更有感染力。

无论是节日主持、活动致辞还是庆典发言，善于利用眼神，往往都可以将语言的感染力以及我们的情感和想法扩展到最大。励志演讲大师卡耐基曾经说："在当众讲话的时候，我们不可忽视视线接触的重要性，因为只有目光的交流才是可以取得理想效果的交流。""在我们演讲的时候，不仅要注意表情，更要注意表情的灵魂——眼神。"

一位成功的演讲者很善于运用眼神，每次演讲时都有超过60%的时间与观众进行眼神交流。当他说"我相信你们……""我对你们表示热烈欢迎……"时，他的眼神是坚定、明亮、真诚的，然后会在某个区域停留或与某个观众对视几秒。讲到重要内容时，他通常会选择一个人作为焦点，正视他一两秒，然后慢慢地转移到下一个人，在大部分观众身上停留一两秒……就是因为这位演讲者善于眼神交流，他能够很好地与观众互动，调动观众的喜怒哀乐，引发观众的共鸣。

人的感觉很奇妙，即便你的语言再生动、肢体语言再丰富，可是眼神没有情感，或是不与他人进行眼神交流，沟通效果和演讲的感染力都大打折扣。所以，我们主持或演讲时要善于注意语言的灵魂——眼神。善用眼神和观众交流，把自己的情绪和情感充分地传递给观众，就可以轻松地 carry 住全场。

那么，我们如何才能在场景主持和脱稿讲话中发挥眼神的魅力呢？

首先，眼神的交流不是漫无目的的，也不是在整场主持和演讲时无时无刻都与观众进行眼神交流，否则情感就会显得过于泛滥，产生过犹不及的效果。

眼神交流，要做到有的放矢、恰当合理。比如，活动进行到高潮，或是情感到了一个爆发点，或是讲到非常重要的内容，我们就需要与观众进行眼神交流；活动开始或结束时，为了吸引观众注意力也需要与其进行眼神交流。

其次，眼神要集中在观众身上，自然地平直向前，不能看天花板、天空，也不能盯着地面或台下一隅。

眼神交流时，绝对不能只看前面少数几排观众，或是只看自己熟悉的观众，而是要与大多数观众交流。因为你的话不是说给少数人听的，若是忽视了大多数观众，很难引起共鸣，导致现场气氛和反响差强人意。

其实，我们没有必要去看每个人，但必须看某几个固定区域——可以把观众分为三个或四个区域，如前面几排、中间几排、后面几排，或是画个田字格。当我们注视某一区域时，所有的听众都会以为我们在用眼神与他们交流。

眼神的流转不要太频繁，如从前排扫到后排，很快又从后排扫到前面。如此频繁反复地流转，很容易让观众跟着你的眼神乱转，不仅分散了注意力，还可能打断其刚刚酝酿的情绪。

再次，眼神交流要与有声语言、表情、肢体动作相协调和配合，做到声情并茂，如此感染力和影响力才是最大的。换句话说，当我们慰问病人、主持悼念活动时，眼神流露出关怀、悲伤或怀念的情感，此时的声音的语调、语速、表情以及动作要协调一致，如此才能有效地烘托出眼神的情感来。

最后，要主动与观众进行眼神交流，即便紧张、害怕也不要不看观众。

如何对眼神进行有效训练呢？可以这样做：眼神最好有神、传情、明亮，表达自己的情绪和情感；有意识地睁大眼睛，增强眼部肌肉的力量；头部固定不动，目光有节奏地环视全场；为了让眼神集中、有神，可以点一支蜡烛，目光随着蜡烛的移动而移动；观察和学习电视节目主持人、著名演讲大师的眼神，认真体会他们是如何用眼神传达情绪、情感的。

事实上，人与人的交流，只有在眼神接触的情况下才能真正建立起来。所以，想要在场景主持和脱稿讲话中做好气氛调动、情感沟通，就必须善用眼神，用眼神交流增强话语的感染力。

训练三：运用手势，增强讲话的感染力

除了眼神，手势语言同样可以增强主持和讲话的情绪力、感染力。有时候，我们把话说出来，然后运用眼神和手势语言加以辅助，这样一来，观众接受的信息才更多、理解才更深刻，情绪和情感共鸣才更强烈。

演讲中有一个 7/38/55 定律，简单来说，就是观众的感受只有 7% 取决于演讲内容；38% 取决于讲话的方式，包括语调、语速、眼神、手势；55% 取决于外表以及其他肢体语言。

当我们进行场景主持或脱稿讲话时，观众首先被吸引的不是讲话内容，而是我们讲话的样子、神情以及动作。举个例子，××是某企业元旦晚会主持人，为了活跃气氛，开场通常会说一些吉利话或是讲个幽默的笑话。在这种情况下，如果主持人只是双手捧着话筒，呆板地背诵熟记在心的台词，现场气氛很难活跃起来。相反，如果我们讲话时眉飞色舞、神采奕奕，再配上右手向上举或是拱手、伸臂的动作，观众的气氛很容易被调动起来。

很多伟大的演说家在演讲时，他的手势几乎一刻不停，而且很多手势都是精心设计的。演讲高手很善于手势语言，或是握紧拳头，仿佛在敲一扇想象中的门，或是捏紧手指，或是举起手掌示意停止，或是用力地挥动手臂。这些手势让他的讲话具有很强的沟通效果，

场景致辞与即兴发言

让观众充分感受到他的情感和情绪表达，从而做出积极反应。

当然，个人的性格、语言习惯不同，有的人讲话时手势多，有的人讲话时手势少，这都是正常的。但是，我们要善于用手势语言表达情绪和情感，增强所讲内容的气势和表达强度，达到增强讲话感染力的目的。

下面，我们来了解一些手势的固定含义。

手心向上，手指自然放松，一般表示积极向上的情绪；手部抬高，表示赞美、欣赏；手部放平表示虚心接受，希望得到观众的认可和支持；手部低垂，表示无奈。

手部向下，一般表示消极的情绪，如沮丧、鄙视、否定等。

握拳并挥动手臂，一般表示愤怒、悲愤，或是下定决心，或是情绪激动。

手部像刀状用力地向下劈，一般表示果断、坚决，对某件事势在必行。

聚拢手指指尖向上，一般表示强调主题和重点，或是与观众探讨。

双手举到胸前自然伸开：一般为开放性手势，表示邀请、诚恳。

关于演讲的手势是可以训练的，但运用手势语言时，要根据讲话内容、自己的情绪以及现场氛围变化自然地表达，不能太刻意、生搬硬套，否则效果会大打折扣。

那么，我们该如何运用手势语言呢？

首先，运用手势语言要分场合和场面。结婚典礼、纪念日庆典、动员大会等活动的主持和演讲，手势可以多一些、大一些，有时还可运用夸张的手势；商务活动、慰问活动、悼念活动的主持和讲话，手势则要少一些、小一些，避免夸张。

在较大的场合向众多观众讲话时，手势可以大一些，更具戏剧性一些；小的非正式性场合，手势要小一些，还可使用一些非正式的手势。

其次，手势语言应自然、随意，就像我们自然伸手接东西一样，不能过于刻意、僵硬和呆板。比如情绪激动时，挥动手臂要自然而然，是情绪到了极点的自然反应，而不是刻意表演。比如，说到"我们定会取得成功"时，情绪没到或是过了，突然再补一个手势，就太刻意和做作了，不仅无法调动观众的情绪，反而让自己显得可笑和虚伪。

简单来说，运用手势语言时一定要做到自然、协调，手部的动作和语言、面部表情、身体姿势相配合。

再次，有意识地控制不良的手势语言。比如紧张时，有人喜欢两只手交叉握在一起不时摩挲，有人喜欢挠挠头、撩撩头发、摸鼻子。再如，有人手部动作频繁，不时在空中比画……这些无意识、有意识的手势都会给人不好的感受，让观众眼花缭乱，影响主持和讲话的效果。

最后，学习著名主持人的演讲风格，有意识地训练自己的手势语言。但要记住：手势要跟我们的性格、语言风格相匹配，而不是完全模仿，甚至试图成为某主持人或某演讲者。

总之，用最放松的姿势、最自然的手势表达讲话内容和情绪情感，主持和讲话就可以达到最好效果。

训练四：讲好故事，你的演讲就成功了一半

故事是场景主持和脱稿讲话中不可缺少的部分，如何把故事讲得精彩、吸引人，是主持人和演讲者必须修炼的技能。

在一场演讲中，最令人印象深刻的就是一个好故事。如果全场你只是说自己的想法和主张，如主持婚礼时只说新人多么相爱、爱情多么浪漫，再如庆功宴上只讲豪言壮语，这样的讲话必然枯燥、毫无说服力和感染力。

如果你声情并茂地讲一两个故事，如婚礼上讲一对新人如何邂逅、相爱的点滴小事，再如庆功宴上讲如何克服困难拿下某一关键性难题，这样的讲话必然容易令人动容、引起共鸣。

同时，无论你的讲话多么深刻、动人，3个月后，观众都难以再记起绝大部分内容，可是一个好故事却可以让观众记住长达8个月。如果这个故事精彩、富有情感，则可以让部分观众记住更久的时间。

所以，我们在当众讲话时应该适当地穿插一两个好故事，并用真诚的话语把故事讲得生动。很多出色的主持人和演讲者是讲故事的高手。

某位演讲者在台上慷慨激昂、滔滔不绝，讲做公益的必要性，号召人们向贫困山区的孩子捐赠物资。可场下的观众却听得昏昏欲

睡，有人甚至小声闲聊起来。

接下来，演讲者拿出几张相片，大声地说道："我们来看看这几张相片，里面的孩子……"他富有情感地讲了几个孩子的家庭状况，如小小年纪就失学、吃不饱穿不暖、用稚嫩的肩膀做家务和干农活……这时，台下观众被这些感人的情节吸引住，有的甚至偷偷抹泪。演讲结束后，很多人表示愿意参入公益活动，为贫困山区的孩子贡献一份力量。

所以，想要让我们的主持和当众讲话取得理想效果，就学会讲故事吧！

当然，有些人觉得讲故事看似很简单，只是说出时间、地点、人物、事件等就可以。其实不然。我们需要把故事讲得活灵活现、引人入胜，从而抓住观众的心。

那么，应该如何做呢？

首先，弄清讲什么故事、什么时候讲故事的问题。关于讲什么故事，自然是讲与主题内容、重要人物有关的故事，讲典型、有价值、最能拨动人心的故事。比如，主持中秋晚会该讲团圆的故事，主持五一劳动节晚会该讲爱岗敬业、拼搏努力的故事，员工动员大会该讲阶段性胜利、展现竞争或拼搏品质的故事。比如，美团创始人王兴讲到阶段性胜利时，就讲了世界上最早到达南极的两支探险队的故事来类比美团和竞争者，起到了很好的效果。

关于什么时候讲故事，可以在开场白时讲，但故事一定要简短、生动、有趣，起到吸引观众注意力的作用；可以在讲话快结束时讲，但故事一定要切合主题，升华情感。比如年会结束前，讲一年来所有员工的努力、挫折、成绩。再如表彰大会结束前，讲领奖人因工作放弃与家人的团聚，经历多少困难和心酸……这些故事都可以让观众感同身受，让讲话在高潮中结束。

其次，无论在什么场合，讲故事都要用肯定、确切的语言，不能用模糊性词语。"大约在××年××月""可能发生在北京某地""大致情形是这样的"等模糊性词语，不仅大大降低了故事的可信性，还可能分散观众的注意力，让其对故事和讲话内容兴趣全无。

讲故事时，尽量少用抽象性话语，如数据、模糊行为、关于未来的猜想，无论哪一种都难以让观众有具体的理解和感受。若是换成具体的时间、地点、人物、事件就不一样了，效果也会好很多。

最后，故事要生动、简洁，切合讲话主题。生动指语言描述要鲜活、带有感情，能够吸引人和感染人；简洁是指简明扼要，不说多余的话，不绕弯子；切合主题则是不跑题、不说不相关的话。

我们不能为了讲故事而讲故事，更不能讲半天啰唆话却始终不到重点和高潮，否则观众很快就会听烦。要是这样的话，讲故事就会失去原有的意义。

每个人都有爱听故事的心，不管小孩还是大人都容易被故事吸引和感动，或是令人潸然泪下的故事，或是令人开心兴奋的故事，抑或悲伤愤慨的故事。所以，想要让我们的主持更精彩，讲话更深入人心，就好好地修炼讲故事的能力吧！

训练五：开头精彩，你的话就抓住了人心

好的开始，是成功的一半。如果一开始没能达到预期效果，之后就会难上加难。场景主持和脱稿讲话也是如此，如果我们想要抓住观众的心，就需要有一个精彩的开头，不然接下来的内容很难吸引他们。

所以，在任何场合，我们的开场不能每次都用类似"非常荣幸和大家见面""各位朋友，大家好"的话语，因为这样的表述太简单、太陈腐，没有一点儿新意和吸引力。换句话说，当主持人走上舞台，一开口就说出类似"大家好，我是这台晚会的主持，欢迎大家光临""大家好，今天我为大家演讲，我的题目是……"这种平庸无趣的话，恐怕观众的热情会足足降低一半。

之后，无论我们准备了多么精彩的内容，讲得多么慷慨激昂，也无法激发观众的兴趣。因为大家的兴奋点不会持续太久，最关键的开场白都不足以让他们兴奋，结果不言而喻。

那么，该如何精彩地开场，尽快抓住观众的心呢？具体来说，可以采用以下方式。

首先，独特的开头吊足观众的胃口。可以用提问的方式开场，如"各位朋友，开始今天的讲话前，请允许我先提出几个问题……"还可以用故弄玄虚的方式，如"这是我主持过的最奇葩的晚会""今

天，我们欢送一位特别的人物"……这样的话语可以让观众迫不及待地想听下面的内容，看看主持人的葫芦里卖的是什么药。

一位人事经理在公司迎新会上讲话，说道："我本来想祝愿你们这些刚刚毕业的大学生能在这家公司无往不利、前程似锦，但我仔细一想，觉得这样说太不靠谱。"这个开场白让所有新员工迷惑不解，都急于听下去，想看看这位经理到底卖什么关子。接下来，人事经理说："祝大家在新公司无往不利，就如同祝老人长命百岁、身体健康一样，是个美丽而又忽悠人的谎言。职场路漫漫，你们必然会遇到许多困难和挫折，如完成不了销售额、与同事不合……"

其次，制造幽默来开头。 幽默在场景主持和脱稿讲话中的作用巨大，不仅可以活跃气氛，还可以瞬间赢得观众的好感。高尔基曾有一个幽默的开场白，他受邀在某次会议上讲话，当主持人念到他的名字时，观众报以长时间的鼓掌和欢呼。这时候，高尔基放弃原本的开场白，幽默地说："如果把花在鼓掌上的全部时间计算起来，时间就浪费太多了。"这个开头让观众笑声一片，之后开始饶有兴趣地听高尔基演讲。

幽默的开头很容易吸引人，但不是所有场合都适合，如正式的商务活动、慰问活动、开幕式、闭幕式以及气氛庄重的吊唁等。同时，不能为了活跃气氛刻意幽默，如用不相干的玩笑开场都会适得其反。

再次，采取引用式开场白，如引用名人名言、古诗词、重要人物的讲话。"爆竹声中一岁除，春风送暖入屠苏。"春节晚会采用类似诗歌的开头，以诗歌表达情感更容易引起观众的共鸣。原因很简单，那些名人已经被时代认可，言论被人们认同，主持人和演讲者引经据典可以轻松得到观众的认同。

当然，引用式开场白不是华丽辞藻、名人名言的堆砌，我们的引用必须符合讲话主题和现场气氛，而不是刻意地为了引用而引用。

最后，用倒叙式表述开头。这种开头方式适合欢送、答谢等活动的主持和讲话，如果我们欢送一位即将调任的领导，可以这样说："××领导明天就要离开我们这个大家庭……"但接下来说，"他总是这样要求我们……"这样颠倒语序的说话方式，可以让观众留心接下来的讲话内容。然后，我们再回顾这位领导的业绩、为人处世、一言一行，层层递进，讲话更让人有所感触。

还有多种开场白方式，如利用数字开头、利用故事开头、利用制造悬念开头等。无论采用哪一种方式，都应做到力求新颖、独特。另外，想要有一个精彩的开头，还应注意几个问题：一是不能用消极否定、道歉的话来开头，二是不能刻意说一些专业、高深的词语，三是不能用陈词滥调、千篇一律的事物，四是不要一开始就讲大道理。

说到底，效果好的主持和当众讲话离不开精彩的开场白。但是，想要开场白赢得满堂彩也绝不是轻而易举的。如同高尔基所说，最难的是开场白，即第一句话。如同音乐一样，全曲的音调都是它给予的，需要花好长时间去寻找。因此，我们要在开场白上下功夫，力求做到新颖、独特、自然、有吸引力。